W0084643

ullstein

Das Buch

Es gibt nur zwei Themen, über die zu reden sich wirklich lohnt: die Liebe und der Tod. Heribert Prantl, der Leitartikler der *Süddeutschen Zeitung*, beschäftigt sich in diesem Buch, abseits der Tagespolitik, mit den existentiellen Fragen. Er fragt danach, wie ein gutes Leben beginnt, er fragt danach, was den Menschen Kraft gibt für ihr Leben, wie eine gute Familie aussieht. Eine gute Familie, schreibt Prantl, muss keine heilige Familie sein. Aber Familie sollte ein Ort sein, der Sicherheit, Schutz und Nähe gibt: „Jeder Ort, an dem Kinder das erfahren, ist Familie. Familie ist ein Ort, an dem der Mensch zu Ende geboren werden kann." Prantl wirbt im Umgang mit Kindern für eine antiautoritäre Autorität des Herzens. Und er fragt schließlich, wie das Leben im Sterben aussieht.

Der Autor

Heribert Prantl, Jahrgang 1953, hat Rechtswissenschaften, Geschichte und Philosophie studiert. Seit 1995 leitet er das Ressort Innenpolitik der *Süddeutschen Zeitung*, und seit 2011 ist er dort Mitglied der Chefredaktion. Prantl ist Autor mehrerer politischer Bücher; dafür wurde er unter anderem mit dem Geschwister-Scholl- und mit dem Kurt-Tucholsky-Preis ausgezeichnet.

Von Heribert Prantl ist in unserem Hause bereits erschienen:

Im Namen der Menschlichkeit

Heribert Prantl

KINDHEIT.
Erste Heimat

Gedanken,
die die Angst
vertreiben

Ullstein

Besuchen Sie uns im Internet:
www.ullstein-taschenbuch.de

Ungekürzte Lizenzausgabe
im Ullstein Taschenbuch
1. Auflage Mai 2017
© 2015 der Originalausgabe:
Süddeutsche Zeitung GmbH, München
Projektmanagement: Sabine Sternagel
Grafik und Satz: Sibylle Schug
Herstellung: Thekla Licht, Hermann Weixler
Umschlaggestaltung: zero-media.net, München
Autorenfoto: SZ-Foto
Druck und Bindearbeiten: CPI books GmbH, Leck
ISBN 978-3-548-37664-6

INHALT

VORWORT

Es ist ein Glück für ein Kind, wenn es mit Geschichten aufwächst, die Angst vertreiben und Neugier wecken.

Schätze der Kindheit

Es gibt eigentlich nur zwei Themen, über die zu sprechen und zu schreiben sich lohnt: die Liebe und der Tod. So beginnt der erste Text in diesem Buch. Mein Buch handelt nämlich *nicht* von den Dingen, die einen politischen Journalisten, wie ich einer bin, üblicherweise beschäftigen: Es handelt also nicht von der Tagespolitik, nicht von Regierungsprogrammen, nicht vom Mindestlohn, nicht vom Auf und Ab der Parteien; es handelt wirklich von der Liebe und vom Tod.

Kraft für ein ganzes Leben

Es fragt danach, und damit ist man schon bei der Liebe, wie ein gutes Leben beginnt, es fragt danach, wie eine glückliche Kindheit aussieht; es fragt danach, was jungen Menschen Kraft gibt für ihr Leben, es fragt danach, was eine gute Familie ausmacht. Eine solche Familie muss keine heilige Familie sein; aber Familie sollte ein Ort sein, der Sicherheit, Schutz und Nähe gibt. Jeder Ort, an dem Kinder das erfahren, ist Familie. Familie ist der Ort, an dem der Mensch zu Ende geboren werden kann. Eine gute Kindheit ist eine Kindheit, die getragen wird von der antiautoritären Autorität des Herzens.

Eine gute Kindheit ist eine Kindheit, in der Kinder möglichst wenig Angst haben müssen. Für eine gute Schule gilt das auch; Lernen braucht Vertrauen: Ein Schüler muss die Gewissheit haben, dass er sich mit seinen Lücken und Schwächen, dass er sich mit seinen Ängsten, mit seiner Neugier und mit seinen Fragen zeigen darf, dass sie ihm nicht um die Ohren geschlagen werden wie ein nasses Handtuch.

Angst vertreiben, Neugier wecken

Es ist ein Glück für ein Kind, wenn es mit Geschichten aufwächst, die Angst vertreiben und Neugier wecken. Vor fünfzig Jahren hat meine Großmutter mir eine Geschichte über die Ewigkeit erzählt. Ich hatte sie gefragt, was das denn sei, die Ewigkeit, und wie ich mir die vorstellen solle. Großmutter war eine resolute Bauersfrau und hatte 15 Kinder geboren, also einige mehr, als die EU in den ersten dreißig Jahren ihrer Existenz Mitgliedsstaaten hatte. Einer so lebenserfahrenen Frau kann man vertrauen, wenn es um die irdischen und die überirdischen Dinge geht. Ihre Geschichte beschreibt die Dauer der Ewigkeit – und sie geht so: „An einem großen Felsen wetzt alle hundert Jahre einmal ein Vogel seinen Schnabel. Ist der Fels auf diese Weise endlich abgetragen, dann ist gerade einmal eine Sekunde der Ewigkeit vorbei." Über diese Geschichte kann man länger nachdenken als über so manche komplizierte Frage. Eine verständlichere Erklärung über die Dauer der Ewigkeit habe ich seitdem nicht gehört. Diese Ewigkeits-Erzählung zählt zu den Schätzen meiner Kindheit; die Ewigkeit ist auf diese Weise ein heimatlicher Begriff geworden.

Was lässt sich heute über die Ewigkeit sagen? Ist Ewigkeit zerdehnte Zeit? Ist es Traum oder Albtraum, endlos zu leben?

Bekommen die Dinge nicht erst dadurch einen Sinn, dass sie Anfang und Ende, Eingang und Ausgang, Start und Ziel haben? Ist Ewigkeit die dauernde Wiederkehr des Gleichen in der Zeit? Oder ist Ewigkeit etwas jenseits der Zeit? Wenn der religiöse Glaube an die Ewigkeit erloschen ist – kehrt er womöglich wieder als säkularer Glaube in der Vorstellung von ewigem Wachstum?

Ewiges Wachstum braucht die gewollte und bewusste Verringerung der Lebensdauer der Dinge. Das nennt man geplante Obsoleszenz. Geht ewiges Wachstum also nur auf Kosten der Langlebigkeit der Dinge und am Ende auch der Menschen? Der Wunsch nach Ewigkeit fördert die Vergänglichkeit, er fördert eine Wirtschaft, die tötet. Wird aus verloren gegangenem Glauben an die Ewigkeit der Zwang zur Beschleunigung in der Zeit? Der Religionsphilosoph Paul Tillich hat die Wendung „Das Ewige im Jetzt" erfunden. Gibt es den Moment Ewigkeit auch hier und jetzt?

Dem Leben Heimat geben

Dieses Buch fragt danach, wie ein Leben beginnen sollte, auf dass es gut gelingen kann. Es fragt sodann, was eine Gesellschaft braucht, um dem Leben Heimat zu geben. Und es fragt schließlich auch danach, ob und wie es ein gutes Leben auch im Sterben gibt. Der Geburt folgt das Leben; dem Tod folgt – nichts? Der überirdische Trost, also der Glaube an eine Auferstehung zum ewigen Leben, ist verwelkt und mit ihm die Bereitschaft, das Unaushaltbare, also auch die Elendigkeit des Sterbens auszuhalten. Wie füllt man diese Leere? Ein Mensch kann schon tot sein vor seinem Tod: wenn kein Leben, wenn keine Liebe mehr in seinem Leben ist, wenn niemand mehr Zeit hat für ihn, wenn er abgeschoben ist. Auferstehung kann dann Aufstand und Widerstand heißen – gegen die technisierte Medizin, gegen angeblich ökonomische Zwänge, gegen zu enge Vorschriften. Wenn ein Mensch auf der letzten Strecke seines Lebens, dann also, wenn er lebenssatt ist, die Todesangst verliert und in Frieden mit sich und den anderen sterben darf: Das ist ein Moment Ewigkeit im Jetzt.

Meine oberpfälzische Großmutter hatte zwei Hobbys, von denen mich das erste besonders faszinierte: Briefe schreiben und Bibel lesen. Sie las erst zwei Stunden in der Schrift, und dann saß sie fast jeden Tag zwei Stunden am Tisch, tauchte die Feder in ein Fass mit schwarzer Tinte, füllte so Bogen um Bogen und kratzte Fehler mit einem scharfen Messer weg. Ich hockte daneben und durfte nach jeder Seite das Löschpapier auflegen. Alle von Omas vielen Kindern, mit einer Ausnahme, hatten den Krieg überlebt, und ich kannte bald die Anschriften der Onkel und Tanten, Basen und Vettern auswendig. Gelegentlich kam geheimnisvolle Post aus Amerika: Großmutter hatte alle in die USA ausgewanderten Verwandten und Bekannten rebellisch gemacht, um das Grab ihres Sohnes, meines Onkels Oskar, ausfindig zu machen; dessen U-Boot war 1944 vor der amerikanischen Küste torpediert und versenkt worden.

Die Faszination des Schreibens

Das war Großmutters Form der Recherche. Ich erlebte also, an ihrer Seite, die Faszination des Schreibens. Und als eines Tages ein langer Brief kam, dem Fotos beigelegt waren, auf denen ich einen mir fremden Mann sah, der Blumen niederlegte vor einem Grabstein, auf dem der Name ihres Sohnes stand, der im Krieg geblieben war. Sie weinte erst und streichelte dann den Brief und das Foto. Den Brief hat erst sie immer wieder vorgelesen, und dann habe ich ihn gelesen – ich konnte noch nicht lesen, aber die Sätze hatte ich mir gemerkt. Die Liebe und der Tod.

Auch solche Erinnerung ist Heimat, erste Heimat.

Heribert Prantl

WEIHNACHTEN

*Schöpfung ist nicht das,
was einmal war. Sie muss
tagtäglich neu geschehen, um
Leben möglich zu machen –
in einer Welt von Krieg, Not,
Gewalt und Ungerechtigkeit.*

Die Liebe,
der Tod und das
heilende Wort

Es gibt nur zwei Themen, über die zu sprechen sich wirklich lohnt: die Liebe und der Tod. Das ist kein Satz, der üblicherweise auf die Weihnachtskarten geschrieben wird; dort steht meist einfach: „Frohe Weihnachten" oder „Gesegnetes Fest". Was tut man also, wenn man in seinem Kartenstapel mit gedruckten Tannenbäumen, Weihnachtskugeln und Schweifsternen so ein tiefes Wort, so einen durchdringenden Satz findet? Man erschrickt.

Im Anfang ist das Wort

„Es gibt nur zwei Themen, über die zu sprechen sich wirklich lohnt": Ist das ein Glückwunsch, oder ist das eine Drohung? So ein Wort reißt aus der Besinnlichkeit in die Besinnung. Das aber ist nicht das Schlechteste, was dem Menschen an Weihnachten passieren kann – dass ihm ein Wort beschert wird, das ihn aus dem allgemeinen Trott und dem persönlichen Tohuwabohu befreit; vielleicht nur für ein paar Tage oder Stunden, aber immerhin. Worte haben Kraft, Worte können helfen, Worte können heilen, mit Worten kann eine neue Welt beginnen.

„Im Anfang war das Wort." So beginnt das Weihnachtsevangelium des Evangelisten Johannes. Es ist dies nicht das klassische Weihnachtsevangelium, nicht die Geschichte mit Stall und Krippe, die jeder kennt. Beim Evangelisten Johannes gibt es all das nicht. Es gibt bei ihm, anders als bei seinem Kollegen Lukas, keine Hirten und keine Engel, die die heilige Geburt verkünden. Aber auch Johannes spricht von einer Geburt; er spricht von der Geburt einer neuen Welt. Er zitiert in seinem Weihnachtsevangelium die ersten Worte der Bibel, die Genesis: „Im Anfang schuf Gott Himmel und Erde; die Erde war wüst und wirr." Wo Wirrnis ist, schafft Gott also Ordnung – er erschafft den Tag und die Nacht, das Meer und das Land, die Himmelsgestirne, Fauna, Flora und schließlich den Menschen. Geschaffen wird eine bewohnbare Welt. Und jeweils beginnt der Schöpfungsgott sein neues Werk mit dem Wort: „Es werde!"

Es werde

Diese Schöpfungsgeschichte ist kein naturwissenschaftliches Protokoll über die Erdentstehung. Es geht nicht darum, wie Natur und Mensch entstanden sind. Es geht darum, wie die Welt sein muss, auf dass der Mensch darin leben kann. Die Botschaft ist: Der Mensch braucht Ordnung im Chaos; er braucht eine Lebensgrundlage; er braucht Heimat; es muss Transparenz in undurchsichtige Zustände und Recht in die Willkür. Das ist gemeint mit der Erschaffung des Lichts. Es geht also um Bedingungen, die Leben überhaupt möglich machen – nicht nur am Nullpunkt der Zeit, sondern immer und immer wieder: Anfang ist immer wieder. Schöpfung ist nicht etwas, das einmal war; sie muss tagtäglich neu geschehen, um Leben in einer Welt von Krieg, Not, Gewalt und Ungerechtigkeit möglich zu machen. Schöpfung ist das, was im anderen Weihnachtsevangelium, im Lukasevangelium, die Engel verkünden: „Friede den Menschen auf Erden". Das gilt nicht nur in Syrien und Afghanistan; es gilt auch mitten in Europa. Es gibt überall unfriedliche Leben.

Es ist kein biblischer Flüchtigkeitsfehler, wenn Gott in der Schöpfungsgeschichte erst das Licht schafft und dann die Sonne. Das zeigt nur, dass dem biblischen Geschichtenerzähler die Logik egal ist. Es geht ihm um etwas anderes: Als die Schöpfungsgeschichte aufgeschrieben wurde, waren die Israeliten in der babylonischen Gefangenschaft. Die Sonne wurde von den Babyloniern als Gott verehrt, und sie zwangen die Israeliten, dabei mitzumachen. Sie setzten dem ihre Schöpfungsgeschichte dagegen, etwa so: „Lasst euch nicht einschüchtern, Leute, die Sonne ist kein Gott; unser Gott, der Ewige, hat sie als Laterne aufgehängt, dass sie euch leuchtet." Das war eine freche herrschaftskritische Ironie, das war die Entthronung des Gottes der Feinde. Sie hatte Kraft, sie sicherte in der babylonischen Gefangenschaft das Überleben und die Identität. Das heißt: etwas zu kritisieren, etwas zu benennen, andere Worte für ein Ding zu finden – das kann ein politischer, ein aufklärerischer, ein befreiender Akt sein.

Die Weihnachtsgeschichte als Gegengeschichte

Mit Worten kann Heil wie Unheil anfangen. Vor hundert Jahren begann damit das Unheil. Die Weihnacht vor hundert Jahren, die Weihnacht 1913, war die letzte Weihnacht vor dem Großen Krieg. In der Krippe lagen tödliche Worte. Selbst die großen Dichter und Denker predigten den Krieg herbei als die angeblich große Reinigung, Befreiung und Erlösung. Fast alle Welt glaubte damals, Krieg sei ein Akt der Schöpfung. Aber die Weihnachtsgeschichte wusste, weiß und erzählt davon, dass es genau anders ist. Sie ist die Gegengeschichte zur Krieg-schafft-Frieden-Weltmacht-Politik, damals der Römer. Die Weihnachtsgeschichte sagt: Glaubt dieser Lüge nicht.

Sie sagt: Solange der Tod Leben und der Hass Liebe genannt wird, solange gesagt wird, das Ergebnis der richtigen und der richtig geführten Kriege sei Frieden und Erlösung – solange werden die Kriege nie aufhören.

Die Liebe – Einspruch gegen den Tod

Die Welt hat denn auch erlebt, wie der Erste Weltkrieg in den Zweiten, in die NS-Verbrechen und in den völligen Zusammenbruch Deutschlands mündete. Europa und die Welt mussten neu erschaffen werden nach diesen Kriegen. Vor fünfzig Jahren wartete die Welt dann darauf, dass im Auschwitz-Prozess ein menschliches Wort fiele: „Die Welt würde aufatmen" und „die Luft würde gereinigt", sagte Generalstaatsanwalt Fritz Bauer damals. Doch auf ein Geständnis der KZ-Mörder wartete er vergebens. Auf ein aufklärendes Wort, den Versuch eines Trostes, warten bisher auch die Angehörigen der Opfer im Münchner NSU-Prozess vergebens. Die Angeklagte feixt und schweigt.

Im Anfang war – nein: im Anfang ist das Wort. Das Jahr 2013 war ein Jahr auch der guten, schöpferischen Worte. Papst Franziskus hat solche Worte gesprochen. Sie hatten zwei Themen: die Nächstenliebe und den Protest gegen den Tod. Er hat, als er auf Lampedusa der ertrunkenen Flüchtlinge gedachte, vor der „Globalisierung der Gleichgültigkeit" und einer Gewöhnung an das Leiden des Nächsten gewarnt und gefragt: „Wer hat über die Menschen geweint, die in den Booten waren?"

Franziskus hat die Klage über das Flüchtlingselend wenig später eingebettet in seine große Anklage gegen einen mörderischen Kapitalismus. Weihnachten 2013: Heute wäre der Stall ein Flüchtlingskahn; und die Hirten und die Drei Könige, sie kämen heute mit dem Rettungsboot. Bethlehem: Das sind heute die Inseln im Mittelmeer. Bethlehem heißt heute Lampedusa oder Leros oder Chios.

Es gibt nur zwei Themen, über die zu sprechen sich wirklich lohnt: die Liebe und der Tod. Manchmal verbindet das kraftvoll-schöpferische Wort den Tod und die Liebe und macht so neue Hoffnung. Denn die Liebe ist der Einspruch und oft der einzige Trost gegen den Tod, weil in ihr die Kraft des Anfangs steckt.

Erschienen am 24. 12. 2013

Die Jungfrauengeburt
ist Chiffre für die
emanzipatorische Idee,
sie ist ein Freiheitsbegriff:
Das Neue kommt ohne Zutun
männlicher Potenz zur Welt –
durch die Kraft des Geistes.

Josef, ein moderner Held

Seit Jahrhunderten steht dieser Mann wie überflüssig herum. In vielen Darstellungen hält er eine Laterne in der Hand, auf dass er zu irgendetwas nütze sei. Er beleuchtet die Krippe, in der das Kind liegt. Er ist ja nicht dessen biologischer Vater, sondern dessen Nähr- und Ziehvater; der rechtliche und soziale Vater, wie man das heute nennt. Die Evangelisten erklären dazu: Maria ist schwanger vom Heiligen Geist. Aber von dem hört und sieht man im Stall zu Bethlehem nichts. Und so kommt Josef zur besten Nebenrolle der Welt: Weil er ein so gutmütiger Kerl ist, darf er mit hinein in den göttlichen Stall.

Eine ikonografische Laufbahn

Diese ikonografische Laufbahn hat freilich ziemlich lange gedauert; alte Krippendarstellungen zeigen nur Maria und das Kind. Mittlerweile ist der heilige Josef, neben Ochs und Esel, zur vertrauten Staffage geworden. Aber weil niemand auf die Idee kommen soll, Josef könnte vielleicht doch der biologische Vater sein, hat man ihn beizeiten zum alten Mann gemacht. Das ist Unfug, nach den biblischen Texten war er ziemlich viril, denn Jesus hat einen Haufen Brüder und Schwestern gehabt (siehe Matthäus 13,55 ff). Weil Maria aber in der katholischen Dogmatik ewige Jungfrau ist, macht die Exegese lustige Verrenkungen, sie zu „Vettern und Basen" zu erklären. Josef widersetzt sich nicht der Rollenbeschreibung, die ihn zum Opa macht: In der ganzen Bibel redet er nichts; kein einziges Wort aus seinem Mund ist überliefert. Er gilt daher als ein wenig trottelig, als gutmütiger Tropf, als heiliger Adabei. Das ist falsch. Es ist Zeit für die Rehabilitierung des heiligen Josef.

Die Legende von der Jungfrauengeburt

Josef ist von Beruf Zimmermann, und ein mutiger Mann ist er nicht nur deswegen, weil er zupackend ist und die Mutter und ihr Kind schützt – erst vor dem Gesetz, das mit der Steinigung der ungetreuen Frau drohte; dann vor König Herodes und seinen Todesschwadronen, die das Neugeborene umbringen wollten. Josef floh deswegen mit Maria und dem Kind nach Ägypten. So steht es in der Bibel. Die Evangelien legen Wert darauf, ihn als beherzten Mann zu zeigen. Deswegen ist Josef ein Held des Alltags. Aber er ist noch viel mehr: Er hat die Weihnachtsrevolution mitgemacht. Diese Revolution ist der verborgene Kern des unwahrscheinlichsten Teils der Weihnachtsgeschichte – der Erzählung von der Jungfrauengeburt.

Die Kirchenlehrer haben die Geschichte von der Jungfrauengeburt fast zwei Jahrtausende lang missbraucht, um die Sexualität zu verdammen, um Jungfräulichkeit und sexuelle Enthaltsamkeit als das große Ideal zu preisen. Die Kirchenlehrer haben aus der Jungfrauengeburt eine Sexuallehre, ein sexuelles Dogma gemacht, sie haben so getan, als sei die Lehre von der Jungfrauengeburt ein Spezialgebiet der Sexualkunde.

Jungfrauengeburt meint etwas ganz anderes, nichts Biologisches, sondern etwas Geistliches. Die Wahrheit über diese

Jungfräulichkeit findet man nicht bei einer gynäkologischen Untersuchung. Die Evangelisten, die von der Jungfrauengeburt schreiben, sind Theologen, keine Sexologen. Sie sprechen nicht von der menschlichen Fortpflanzung, sondern vom Fortschritt des Menschlichen. Die Jungfrauengeburt ist Chiffre für die emanzipatorische Idee, sie ist ein Freiheitsbegriff. Die Sprache der Bibel und des Credos ist hier eine mythische, keine historische oder naturwissenschaftliche.

„Jungfrauengeburt" soll besagen, dass etwas ganz Neues zur Welt kommt, das nicht männlicher Macht entspringt. Die Weihnachtsgeschichte beginnt mit dem Abschied vom Patriarchat. Das Neue kommt ohne Zutun männlicher Potenz zur Welt – durch die Kraft des Geistes. „Geist" ist in der hebräischen Bibel feminin, eine Die, eine schöpferische, weibliche, pfingstliche Kraft: sie reformiert, sie revolutioniert, sie macht neu. Daher heißt es im Magnifikat, im Lobgesang Marias: „Gott stürzt die Mächtigen vom Thron".

Kreidekreis der Begehrlichkeiten

Die Legende von der Jungfrauengeburt legt also die Axt ans Stammbaum-Denken und die klassischen Machtstrukturen. Die Geschichte, dass alles vorbestimmt ist durch die Abstammung, und dass es nur einen Vater geben kann, ist zu Ende. Die Weihnachtsgeschichte ist also auch eine tröstliche Geschichte für all die Menschen, die in komplexen Familienstrukturen leben. Schon für das Kind in der Krippe sind die Verhältnisse kompliziert. Aber es wird dort nicht, wie heute so oft, um die Rangordnung von Vätern und die richtige Zuordnung von Kindern gestritten: Ist es derjenige, der mit der Mutter verehelicht ist? Ist es der, der es zeugt oder der, der es wickelt? Man kann erschrecken über das Gezerre, das vor den Gerichten stattfindet, wenn es darum geht, ein Kind aus dem Kreidekreis der Begehrlichkeiten auf eine Seite zu ziehen.

Ein heiliges Weichei?

Josef ist der Antityp zum patriarchalen Männerbild. Deswegen belächelte man ihn mitleidig als heiliges Weichei, machte aus ihm einen alten, impotenten Mann. Viele Jahrhunderte lang galt ein strikt antijosefisches Männerbild. Immer war die gekränkte Mannesehre am Werk und die Vorstellung, die Frau gehöre dem Mann – und wenn sie fremdging und schwanger wurde, dann war die Leibesfrucht ein „falsches Früchtchen", ein fremdes Gut, das weggeworfen gehörte.

Warum die Welt mehr Josefs braucht

Die Weihnachtsgeschichte ist der Abschied von diesen und anderen klassischen Machtstrukturen; sie lehrt den Auf- und Ausbruch aus den überlieferten Verhaltensweisen, sie lehrt den Neuanfang. Es gab die reformatorischen Neuanfänge, die antipatriarchalen Aufbrüche immer wieder: Franz von Assisi, der sich von seinem reichen Vater lossagte; die Waldenser; Luther, der zuerst, als er Mönch wurde, seinem Vater den Gehorsam aufkündigte und später dann auch noch dem Papst. Es kann einem auch Marie Juchacz einfallen, die vor 95 Jahren als erste Frau im Deutschen Reichstag redete: „Meine Herren und Damen".

Die Neuanfänge erleiden oft das Schicksal, dass die alten Kräfte sie wieder einholen. Dann wird aus der revolutionären Idee von der Jungfrauengeburt ein sexuelles Dogma. Dann werden aus einst friedensbewegten Menschen Minister, die den Abwurf von Bomben befehlen. Dann wird aus einem Hochschullehrer für Menschenrechte ein Präsident, der extralegale Hinrichtungen per Drohne anordnet.

Gleichwohl: Den Glauben an das Recht zum Abschied vom alten Denken, den Glauben an die Freiheit, aus den alten Festlegungen auszubrechen, den sollte man sich nicht nehmen lassen. Es ist der Weihnachtsglaube. Josef hat ihn gelebt. Deswegen ist er ein Held – ein Held, der eigentlich keiner sein will. Es bräuchte eine Vermehrung der Josefs in dieser Welt; dann würde sie menschlicher.

Erschienen am 24.12.2014

Am Anfang ist jeder Kind;
am Anfang sind alle Menschen
Kinder – Christkinder.

Die antiautoritäre Autorität des Herzens

Vor ein paar Jahren machte ein Film Furore, der „Das weiße Band" hieß, Untertitel: „Eine deutsche Kindergeschichte". Diese Geschichte spielt in einer Zeit, als die Kinder ihre Eltern siezten und ihrer Frau Mutter und ihrem Herrn Vater Handküsse zur guten Nacht gaben; das Wort „elterliche Gewalt" war damals noch im Wortsinn zu verstehen. Der Film handelt also von unerbittlicher Moral und von einem autoritären, kinderfeindlichen Zeitgeist.

Er handelt von Kinder- und Jugendproblemen in den Zeiten, in denen es noch keine Kinder- und Jugendpsychiatrie gab. Der Film spielt in einem Dorf in Norddeutschland, in dem der scheinheilige Pastor seine Kinder misshandelt und ihnen als Mahnung zur Tugend das „weiße Band" um den Oberarm bindet. Die Geschichte zeigt, was so zugerichtete Kinder dann anrichten können. Die Botschaft des Films: In diesem Klima von Befehl und Gehorsam, von Scheinheiligkeit und Repression ist eine Generation herangewachsen, die dann zum Gehilfen und Vollstrecker der mörderischen Maschinerie des Nationalsozialismus geworden ist.

Nur eine alte Geschichte? Plusquamperfekt? Nur auf den ersten Blick. Die Grundfrage, die der Film stellt, gehört auch ins Präsens. Die Grundfrage lautet: Was richten Erwachsene in und mit Kindern an? Wie muss man reagieren, wie kann man positiv einwirken? Wie kann man heilen, wie kann man vorbeugen? Wie sieht eine gesunde Kindheit aus – und wie eine Erziehung, die Kinder gesund hält an Leib und Seele?

Wie ernst man Kinder nehmen muss

Am Anfang sind alle Kind. Jeder hat diese Erfahrung gemacht. Das Kindsein gehört zu den universellsten und allgemeinsten Erfahrungen, die es gibt. Alle Kinder werden, mit Glück, Erwachsene. Und die meisten Kinder werden Eltern. So einfach ist das – und doch tun sich so viele Rätsel auf, wenn man über Kindheit nachdenkt.

Kindergeschichten können sehr lustige Geschichten sein, wie die Lausbubengeschichten von Ludwig Thoma; Kindergeschichten können sehr dunkle Zerstörungsgeschichten sein, wie die vom „weißen Band". Die guten und bösen individuellen Geschichten, die von Kindern handeln, sind eingebettet in die große generelle Geschichte der Kindheit: Es gibt eine Kindheitsgeschichte, also die Geschichte der Kindheit im Lauf der Jahrhunderte, so wie es auch eine Herrschergeschichte, eine Kriegsgeschichte, eine Religionsgeschichte oder Rechtsgeschichte gibt. Die Kindheitsgeschichte handelt davon, welche Rolle Kinder jeweils in der Gesellschaft ihrer Zeit hatten und wie sich die Bedeutung der Kindheit im Lauf der Jahrhunderte verändert hat. Diese Historie zerfällt in zwei große Teile – in eine Geschichte vor und nach Jean-Jacques Rousseau.

Vor Rousseau: Kindheit hatte keinen Eigenwert. Kinder galten, jedenfalls in der Gesellschaft, die wir heute als die westliche bezeichnen, als dumm und als unfertige Wesen, die möglichst rasch erwachsen werden sollten – sie waren Objekte, sehr lange Zeit schlicht Nutzobjekte. Im Mittelalter maßen die Menschen dem ersten Lebensabschnitt kaum Bedeutung bei. Sobald die Kinder kräftig genug waren, halfen sie den Eltern bei der Viehzucht, bestellten die Felder oder arbeiteten in Werkstätten. Eine Abgrenzung zwischen Kinder- und Erwachsenenwelt gab es nicht. Mit sieben Jahren wurden sie als kleine Erwachsene behandelt und miteinander verlobt. Der Wert eines Kindes definierte sich über dessen Nutzen für die Eltern.

Für die Religion und für die Staaten war es ähnlich: Der Wert des Kindes bemaß sich nach dem jeweiligen Nutzen. Die Hauptsorge der Religion galt der Seele, die Hauptsorge des Staates galt der Bereitstellung künftiger Arbeitskräfte und künftiger Soldaten. Der Rohstoff Kind, so pointiert es der US-Sozialwissenschaftler Lloyd deMause in seiner psychohistorischen Geschichte der Kindheit, wurde vernutzt, wie heute die Natur vernutzt wird.

Vor gut 250 Jahren beginnt mit Rousseau und seinem Opus magnum, dem Erziehungsroman „Émile", die große gesellschaftliche Neuorientierung, die Entdeckung der Kindheit, jedenfalls ihre Entdeckung in der Literatur: Die Kindheit ist nicht mehr die Phase des Nullum und auch nicht die Phase des „Noch-Nicht", sie hat ihren eigenen Wert, sie ist für sich wertvoll.

Die Entdeckung der Kindheit

In „Émile" ist erstmals aufgeschrieben, dass Kindheit eine schützenswerte Lebensphase ist. Der Junge Émile lernt nicht durch Belehrung oder Strafe, sondern durch Spielen, Toben und Faulenzen. „Stets suchen die Erwachsenen den Erwachsenen im Kind", klagt Émile, und nie dächten sie daran, was der Mensch vorher ist: ein Kind; ein Mensch also, der eine ganz eigene Art habe zu sehen, zu denken und zu empfinden. Erstmals wird in diesem Buch Erziehung aus der Sicht des Kindes betrachtet – und für das Wohl des Kindes geworben. Erstmals wird klar: Kinder haben Rechte, eigene Rechte, Rechte also, die nicht aus den Rechten der Eltern abgeleitet sind.

Es dauert sehr lange, bis sich so eine fundamentale Erkenntnis durchsetzt, bis sie ihren Weg findet in die Konventionen, Verfassungen und Gesetzbücher. Vor 25 Jahren, am 20. November 1989, wurde das „Übereinkommen über die Rechte des Kindes", die Kinderrechtskonvention also, von der Vollversammlung der Vereinten Nationen angenommen. In ihrem Mittelpunkt steht der Artikel 3: Er verlangt, dass bei allen Entscheidungen, die Kinder betreffen, das Kindeswohl vorrangig zu beachten ist, vor allen anderen Gesichtspunkten, an alleroberster Stelle. Das geht über die Abwägungskriterien hinaus, die in den deutschen Paragrafen des elterlichen Sorge- und Umgangsrechts formuliert sind.

Die Kinderrechtskonvention

Warum ist die Kinderrechtskonvention in Deutschland noch nicht stärker im juristischen und im politischen Bewusstsein verankert, warum ist der absolute Vorrang des Kindeswohls gesetzgeberisch nicht präsent? Warum muss nicht jedes neue Gesetz, warum muss nicht jedes Recht auf seine Auswirkungen auf Kinder befragt werden – warum gibt es kein „Kinder-Mainstreaming"? Vielleicht deshalb: Im Grundgesetz kommen Kinder nicht vor, jedenfalls nicht als Inhaber von Rechten. Das Grundgesetz kennt keine Kinder, bis heute nicht. Das ist schade, das ist bedauerlich, das ist merkwürdig; das Grundgesetz schützt zwar mittlerweile auch die Tiere und die Umwelt, aber die Kinder nicht. Alle Anläufe, daran etwas zu ändern, alle Initiativen, ein Kindergrundrecht ins Grundgesetz zu schreiben, sind bisher gescheitert.

Zwar hat das Bundesverfassungsgericht im Jahr 1968 in einer Fundamentalentscheidung klargestellt, dass Kinder Wesen mit eigener Menschenwürde und eigenem Recht auf Entfaltung der Persönlichkeit sind; daraus entspringt, so sagt Karlsruhe, die Verpflichtung des Staats, den Kindern Schutz vor Missbrauch elterlicher Rechte und vor Vernachlässigung durch ihre Eltern zu gewähren. Das höchste deutsche Gericht hat diese Entscheidung 2008 noch einmal bekräftigt. Es hat „ein Recht des Kindes auf Pflege und Erziehung" anerkannt und dieses ungeschriebene Grundrecht für Kinder dem Elterngrundrecht nach Artikel 6 des Grundgesetzes gleichgestellt. Das Gericht hat dabei den Bedürfnissen der Kinder den Vorrang vor den Interessen der Eltern eingeräumt. Aber der deutsche Gesetzgeber hat sich bisher geweigert, das auch so ins Grundgesetz zu schreiben.

Jedes Kind hat Anspruch auf Schutz und Fürsorge

Seit Jahrzehnten klopfen nun die Kinder an die Tür des Grundgesetzes. Bundestag und Bundesrat als Türwächter lassen sich nicht rühren; in dieser Zeit ist so viel Unsinn ins Grundgesetz geschrieben worden, dass Sinnvolles wie ein Kindergrundrecht einen wieder ein wenig positiver gestimmt hätte – angesichts der Verunstaltungen, die etwa Artikel 13 (Unverletzlichkeit der Wohnung) und Artikel 16 (Grundrecht auf Asyl) erfahren haben. Initiativen, die die Grundrechte schwächen, haben es offenbar sehr viel leichter als Initiativen, welche die Grundrechte mehren und stärken wollen.

Wie sähe ein Kindergrundrecht im Grundgesetz aus? In drei Sätzen so – erster Satz, als Leitsatz: „Der Staat schützt die Kinder." Zweiter Satz: „Jedes Kind hat Anspruch auf den Schutz und die Fürsorge der Gemeinschaft." Dritter Satz: „Bei allen Maßnahmen, die Kinder betreffen, gleichviel ob sie von öffentlichen oder privaten Einrichtungen der sozialen Fürsorge, Gerichten, Verwaltungsbehörden oder Gesetzgebungsorganen getroffen werden, ist das Wohl des Kindes ein Gesichtspunkt, der vorrangig zu berücksichtigen ist." Satz zwei entspricht dem Satz, der im Grundgesetz zum Schutz der

Mütter formuliert ist. Satz drei ist identisch mit der Formulierung der Kinderrechtskonvention; er hebt diese in Verfassungsrang.

Die Rechte der Eltern (die Juristen nennen diese Rechte noch immer altertümlich und missverständlich „elterliche Gewalt") finden ihre Rechtfertigung darin, dass Kinder des Schutzes und der Hilfe bedürfen. Aber was ist, wenn Hilfe und Schutz nicht gewährt werden, wenn Kinder also schutzlos sind? Dann hilft dem Kind natürlich auf die Schnelle auch ein Kindergrundrecht „auf Entfaltung" nichts.

Eine notwendige Selbstverpflichtung

Auch als Sofortprogramm gegen Gewalt ist so ein Kindergrundrecht untauglich. Ein Kindergrundrecht ist kein Schutzschild, aber: Es ist ein Fundament, auf dem gute Kinderpolitik gedeihen kann. Ein solches Grundrecht nimmt den Staat anders in die Pflicht als bisher, zum Beispiel bei der Unterstützung überforderter Eltern. Das Kindergrundrecht ist eine notwendige Selbstverpflichtung der Gesellschaft.

Der deutsche Gesetzgeber aber ziert sich so, wie er sich bei der UN-Kinderrechtskonvention geziert hat: Deutschland hat diese Konvention aus dem Jahr 1989 zwar schon 1990 unterzeichnet, sich aber dann mit der Ratifizierung erst einmal bis 1992 Zeit gelassen – und dann zugleich einen großen „Vorbehalt" erklärt, der alle heiklen Punkte aussparte: Zumal im Asyl- und im Ausländerrecht wollte man die Kinderrechtskonvention nicht gelten lassen. Den unbegleiteten Flüchtlingskindern sollten keine Rechte daraus erwachsen. Und so erklärte die Bundesrepublik 1990 schandvollerweise, dass die Kinderrechtskonvention in Deutschland keine unmittelbare Anwendung finden solle. Erst 2010 wurde diese Vorbehaltserklärung aufgehoben, seitdem gilt die Kinderrechtskonvention in Deutschland im Rang eines einfachen Gesetzes.

Aber im Asylrecht hat das noch keinerlei Folgen gehabt. Es gibt keine speziellen Asylrechte für Kinder. Die Kinderrechtskonvention ist zwar Gesetz, fristet aber ein Schattendasein in Deutschland. Das Kindergrundrecht im Grundrecht würde sie aus diesem Schattendasein holen.

Es ist immer vor und nach Rousseau

Mit dem Kindergrundrecht kämen die großen Pädagogen, kämen Maria Montessori, Johann Heinrich Pestalozzi und Janus Korczak ins Grundgesetz. Sie haben auf Rousseau aufgebaut. Wie schwer es aber ist, eine schöne und richtige Theorie in eine schöne Praxis zu übersetzen, hat Rousseau selber gezeigt: Seine eigenen fünf Kinder sind nicht in den Genuss einer behüteten, glücklichen Kindheit gekommen. Kurz nach ihrer Geburt gab der Vater sie jeweils ins Findelhaus, nannte als Grund dafür seine Armut. Er könne nicht arbeiten, wenn er seine Kinder nicht versorgt wisse. Vielleicht ist der große Rousseau also nicht nur wegen seines großen Erziehungsromans „Émile" der Ahnvater der modernen Erziehung, sondern auch wegen seines großen persönlichen Scheiterns. Er selbst zeigt, in seinem eigenen Leben: Es ist immer vor und nach Rousseau.

Rousseaus Scheitern bestand in der tiefen Kluft zwischen seiner Theorie und einer Praxis, die er selbst, in seinem Leben, nicht einmal versucht hat. Viele Eltern heute, lang nach Rousseau, erleben immer und immer wieder ein kleineres oder größeres Scheitern in der eigenen erzieherischen Praxis: Sie erleben das Scheitern an den eigenen Ansprüchen, das Scheitern an den eigenen Vorstellungen und Idealen, ihre eigene Unzulänglichkeit und Unsicherheit. Und sie erleben, wie in der Geschichte ihrer eigenen Kinder und ihrer eigenen Erziehungsbemühungen alles wild durcheinandergeht, dass man das Kind nicht nur, wie es ihm gebührt, als Subjekt behandelt – sondern immer wieder als Objekt der eigenen Ansprüche und Zukunftsvorstellungen.

Es gibt viel Heuchelei in der Kindererziehung. Vor hundert Jahren empörte sich die Monatsschrift für die christliche Familie über Eltern, die „sogar den Wiegenkindern Branntwein geben, damit sie schlafen sollen". Und der Moralapostel fragte: „Ist es da zu wundern, wenn Eltern ihre unheilvolle Aussaat schrecklich aufgehen sehen?" Aber er verliert kein Wort über die Not der Eltern, die sich also dann um ihr Kind nicht zu kümmern brauchen und ihrer Arbeit nachgehen können. Kinderbetreuungsangebote gab es damals nicht; es gibt sie leider heute noch immer nicht in ausreichender Zahl. Die Gesellschaft heute ist, ähnlich wie vor hundert Jahren, versucht, die Vernachlässigung von Kindern nur als individuell moralisches Problem zu sehen und die Lebensumstände derer, die man als Rabenmütter bezeichnet, außer Acht zu lassen. Dabei ist es so: Wer schwer belastet ist, dem wird ein Kind lästig. Die Zahl der Kinder, die von Hartz IV oder Sozialhilfe leben, steigt und steigt.

Ein Erbgefängnis für Kinder

Die Armut der Eltern ist wie ein Erbgefängnis für die Kinder. Die Debatte um einen Mindestlohn hat daher auch etwas mit Kindern zu tun: Es geht nicht nur darum, unter welchen ökonomischen, sondern auch unter welchen emotionalen Vorzeichen Kinder aufwachsen; Zufriedenheit der Eltern färbt auf die Kinder ab. Der Bochumer Sozialwissenschaftler Klaus-Peter Strohmeier sagt, dass eine verbreitete Meinung über Hartz-IV-Eltern nicht der Wahrheit entspricht: Arme Eltern setzen ihr Geld nicht am allerliebsten in Zigaretten und in eine große Glotze um; das macht nur eine Minderheit so. Oberste Priorität hat bei den meisten armen Eltern, dass die Bedürfnisse ihrer Kinder befriedigt werden.

Aus dem liebenden Bauch heraus

In jeder Generation, in jeder Familie gibt es Zeiten vor und nach Rousseau. Zu jeder Zeit, in jeder Kindheit, in jeder Erziehung, in jedem Kindergarten, ist es vor und nach Rousseau. Gut ist es, wenn die vorrousseauschen Anteile nicht überhandnehmen. Die besten Eltern enttäuschen ihre Kinder, finden nicht das richtige Wort, haben nicht immer die nötige Ruhe. Die Welt ist kompliziert geworden, für Kinder und Eltern. Deshalb glauben viele Eltern, den Kindern immer mehr beibringen zu müssen. Mehr lernen bedeutet mehr Erfolg, so denken Eltern, und „richtig lernen" sollen die Kinder. Sie dürfen keine Fehler mehr machen.

Der Psychoanalytiker Arno Gruen klagt darüber, dass wir verlernt haben, „aus dem Bauch heraus" mit Kindern umzugehen; er meint aus einem „liebenden Bauch" heraus. Vielleicht kamen die Ansätze der antiautoritären Erziehung zu sehr aus dem Nachdenken über die als falsch empfundenen Erziehungsmethoden der Eltern und zu wenig aus dem Mitfühlen mit Kindern; und vielleicht ist es heute, beim Ruf nach neuer Autorität in so vielen Erziehungsberatungsbüchern, wieder genauso.

Es fehlt wohl oft die antiautoritäre Autorität des Herzens. Die kann man freilich auch mit der Kinderrechtskonvention und mit den Kinderrechten im Grundgesetz nicht herbeizaubern.

Erschienen am 18. 11. 2014

Eine gute Familie muss keine heilige Familie sein. Aber Familie sollte ein Ort sein, der Sicherheit, Schutz und Nähe gibt. Jeder Ort, an dem Kinder das erfahren, ist Familie.

Was Familie ist

Wenn Familienfeste gefeiert werden, also Geburt, Hochzeit oder runde Geburtstage der höheren Zahl, dann schreibt man seinen Glückwunsch gern auf eine Kunstkarte, die auf der Vorderseite ein Stillleben ziert. Diese Glückwunsch-Stillleben – es sind wunderbar komponierte Bilder mit Blumen, Obst und Südfrüchten, prächtig gemalt, fast echter noch als echt. Eines der bekanntesten dieser Stillleben hängt im Landesmuseum Mainz, in der Abteilung „Schätze aus der Sammlung niederländische Malerei" – der Strauß des Malers Peter Binoit, der übrigens, aus den Niederlanden zugewandert, im 17. Jahrhundert in Köln gemalt hat.

Blumen, die zu verschiedenen Zeiten blühen

Das Besondere an diesem Mainzer Blumenstück ist die Zusammenstellung von Blumen, die eigentlich zu verschiedenen Jahreszeiten blühen und welken. Blumen, die zu verschiedenen Zeiten blühen und verblühen: Vielleicht sind diese gemalten Sträuße deswegen so beliebt, um zu Familienfesten zu gratulieren. Das sind die einen Stillleben, die schönen Stillleben, die Pracht-Stillleben, diejenigen, mit denen man sich Glück wünscht.

Es gibt aber auch ganz andere Stillleben, die sind nicht so wohlgefällig. Im Pariser Louvre hängt so ein ganz anderes Stillleben: Es zeigt einen geschlachteten Ochsen. Das Bild ist nicht heimelig, auch nicht dekorativ; es ist rot und blutig. Rembrandt hat es gemalt. Das Tier hängt da gehäutet und ausgeweidet an einem Gestell. Man blickt auf die leere Bauch- und Brusthöhle mit den Rippenbögen. Im Dunkel des Hintergrunds ist die Tür des Schlachtraums zu sehen, eine junge Frau steht da und blickt herein. Scheu, aber auch neugierig betrachtet sie das geschlachtete Tier. Es ist nature morte, wie das Stillleben im Französischen heißt, natura morta im Italienischen – tote Natur, totes Leben.

Stillgelegtes Leben, stillgelegte Familien

Der Optimist mag das Pracht-Stillleben für ein Sinnbild der Familie von heute halten. Da kommt alles zusammen, da wird alles zusammengebunden, da kommt zusammen, was nach überkommener Meinung eigentlich gar nicht zusammenpasst; es ist ein Arrangement, das des Lebens pralle Fülle vereint; eine besondere Art der Concordantia Discordantium. Der Pessimist zeigt auf das Rembrandt-Bild mit dem toten Ochsen und sagt: Das ist es. Der Pessimist sagt: die alten Lebensformen, die klassisch-bürgerliche Ehe und die klassisch-bürgerliche Familie – sie sind tot oder am Absterben. Der Pessimist denkt an Ehescheidungen, an zerrissene Familien und Patchwork-Familien, an die Auflösung und das Ende der überkommenen Gesellschaftsordnung.

In einem Roman des Schriftstellers Volker Demuth („Stille Leben") spielt das Rembrandt-Bild mit dem toten Ochsen eine wichtige Rolle. Dort wird die ganze Geschichte der Stillleben-Malerei als eine Allegorie des Zivilisationsprozesses der

Moderne beschrieben. Der Zivilisationsprozess laufe nämlich darauf hinaus, aus lebenden Körpern tote Körper zu machen – stillgelegtes Leben, hier, in unserem Kontext: stillge-
legte Familien.

Familie verlangt Stabilität, der Markt verlangt Flexibilität

Vielleicht ist es im Fall der Familie weniger der Zivilisationsprozess als der Wirtschaftsprozess, der aus dem lebenden
Körper das Leben nimmt. Familie und Markt sind nun einmal
zwei nicht kongruente Systeme: Die Familie verlangt Stabilität, der Markt verlangt Flexibilität. Die Familie begleitet die
natürliche Langsamkeit von Wachstum, der Markt dagegen
fordert die ständige Beschleunigung des Wachstums. Die Familie lebt von und mit verlässlichen Regeln, der Markt dagegen verlangt möglichst wenig Regeln, er verlangt Deregulie-
rung. Familie ist ein altruistisches System, die Wirtschaft ein
egoistisches. Der Ökonomisierungsprozess läuft, wird er nicht
gebändigt, darauf hinaus, der lebendigen Familie die Leben-
digkeit zu nehmen.

Der Kapitalismusverteidiger Joseph Schumpeter ist dafür
ein sachverständiger Zeuge; er kam zu der Erkenntnis, dass
der individualistische Utilitarismus, den der Kapitalismus
generiert, die Gesellschaft und damit die Familie zerstört.
Allerdings (und das sagt jetzt nicht Schumpeter) nicht schon
dann, wenn die Mutter ins berufliche Leben strebt und nicht
mehr daheim allein für familiäre Stabilität und Verlässlichkeit sorgt und Familienarbeit daher auf Vater und Mutter
verteilt wird. Zerstörerisch für die Familie ist nicht die Frau-
enarbeit, sondern die nach wie vor verkehrte Welt, in der sich
Familie den Bedürfnissen der Wirtschaft unterordnen soll;
umgekehrt muss es sein. Aber das zu organisieren ist nun
nicht die Aufgabe der Notare, sondern die des Gesetzgebers,
der Tarifpartner, der Gesellschaft.

Auf den prächtigen Stilleben-Bildern fügt sich alles so schön zusammen: Auf diesen Bildern werden Trauben zu Kleinodien und Zuckerbäckereien zu Schmuckstücken. Dekorativ sind diese Stillleben, der Tisch ist schön und reich gedeckt. Manchmal ist da auch noch Wildbret kunstvoll drapiert, manchmal stehen Musikinstrumente herum. Im milden Glanz des Lichts, das der Maler gewählt hat, entfaltet sich die Magie der Dinge, glänzen Vasen und Pokale; da werden selbst Alltagsgegenstände zu Pretiosen. Warum hängt man eigentlich so ein Stillleben als Bild an die Wand, wenn man die Schale mit den reifen Zwetschgen auch neben den Blumenstrauß auf den Tisch stellen kann? Warum? Weil die Früchte auf dem Bild immer frisch sind, weil die Kerzen nie verlöschen, weil die gemalten Lilien so betörend blühen; weil nichts verwelkt, weil nichts vergeht, weil es so bleibt, wie es ist.

Stillleben zeigen den idealisierten Alltag

Das Gemalte sieht aus, als sei es das Vorbild für das Echte. Diese Stillleben zeigen den idealisierten Alltag: Verwelkt ist nur das, was verwelkt sein soll; vergangen ist nur das, was vergangen sein soll. Die toten Gegenstände auf dem Stillleben sind auf schöne Weise tot. Auf den Stillleben lebt die festgehaltene Imagination des besonderen Augenblicks. Oft erscheinen uns diese Bilder in ihrer unheimlichen Echtheit schon wieder geheimnisvoll, als trügen sie eine Botschaft in sich, einen verschlüsselten Inhalt.

Stillleben – da fallen einem aber nicht nur diese schönen Obst- und Blumenarrangements ein, die die Alltäglichkeit der Dinge wie verzaubert zeigen. Stillleben – das waren und sind auch die sorgfältig arrangierten Familien-Fotografien aus der frühen Kindheit, Mitte und Ende der fünfziger Jahre des letzten Jahrhunderts: Großmutter, Vater, Mutter, Kinder, dazu Onkel und Tanten mit ihren Kindern, sorgfältig aufgereiht, oft vor der Hauswand mit dem Spalierobst; keiner sollte auf der Fotografie fehlen, auch der Fotograf nicht. Der eilt, kurz bevor der Selbstauslöser des auf dem Stativ aufgebauten Fotoapparats klickt, auf seinen Platz in dieser Familienaufstellung.

In Reih und Glied, mit feierlichem Geschau

Aus der Kindheit meines Vaters, aus den dreißiger Jahren des letzten Jahrhunderts, gibt es ganz besonders eindrucksvolle dieser Stillleben-Fotografien: Die große bäuerliche Familie väterlicherseits hatte 15 Kinder; da gibt es Fotografien nur mit den zehn Mädchen; da gibt es Fotografien nur mit den vier Buben; da gibt es Fotografien mit der ganzen Großfamilie, alle in Reih und Glied, alle mit feierlichem Geschau. Am eindrucksvollsten ist ein Bild, auf dem der Großvater zu sehen ist, wie er am Ende eines gewaltig großen, gedeckten Tisches sitzt: Die Teller stehen schon auf dem Tisch, gleich wird die Suppe aufgetragen werden. Und neben dem Teller des Großvaters liegt, als handele es sich um Besteck, eine lange Gerte. Damit schlug er, so erzählte es der Vater, den Kindern, die sich nicht anständig verhielten, auf die Finger.

Die Botschaft dieser fotografischen Stillleben ist gar nicht so verschlüsselt. Es zeigt sich eine patriarchale, großfamiliäre, gut geordnete Welt. Diese alten Fotografien sind ähnlich aufschlussreich wie die 11. Auflage des Palandt, des Kommentars zum Bürgerlichen Gesetzbuch, aus meinem Geburtsjahr 1953, den der andere Großvater, der Großvater mütterlicherseits, hinterlassen hat. Was man auf den Familien-Fotografien aus den dreißiger Jahren sieht, das kann man in diesem Palandt von 1953 lesen: Recht ist nämlich manchmal wie eine Fotografie, es ist wie fotografierter, es ist paragrafisierter Zeitgeist.

Es ist unendlich viel passiert, seitdem diese Fotografien entstanden sind; und es ist unendlich viel passiert seit dem Palandt, 11. Auflage. Die Ehe und die Familie von heute ist eine ganz andere Ehe und Familie als die der dreißiger und fünfziger Jahre des letzten Jahrhunderts, und das Ehe- und Familienrecht von heute hat mit dem Ehe- und Familienrecht des Palandt, 11. Auflage, dem Palandt aus dem Jahr 1953, kaum noch etwas zu tun. In wenigen Jahrzehnten haben Ehe und Familie mehr Änderung erlebt als zuvor in vierhundert Jahren. Seitdem der alte „oikos", „das ganze Haus", also der große Hausverband mit Verwandten, Gesinde und sonst Abhängigen, seitdem im 16. Jahrhundert dieses autark wirtschaftende Haus erst von der Großfamilie und dann schließlich von der Kleinfamilie als Gesellschafts- und Ordnungsfaktor abgelöst worden ist, seitdem hat sich im nahen Zusammenleben der Menschen kaum je so viel, so schnell und so grundlegend geändert wie in den vergangenen Jahrzehnten – meines Erachtens nur noch ein weiteres Mal, nämlich nach der französischen Revolution und in der industriellen Revolution des beginnenden 19. Jahrhunderts, als die Arbeiterfamilie entstand und sich deren Familienleben bei Trennung von Esstisch und Werkbank nun nach den Bedürfnissen von Kapital und Produktion auszurichten hatte.

Haus, Hof und Werkstatt

Aber sind diese Veränderungen der letzten Jahrzehnte, die oft negativ als Individualisierungs- und Modernisierungsschübe beschrieben werden, wirklich so schlecht, wie manche Schwarzmaler behaupten? Ich glaube nicht. Alte Zeiten, die vielen heute in historischer Verklärung als heil und idyllisch erscheinen, waren in Wirklichkeit damals für nicht wenige die Vorhölle. Das „ganze Haus" des Mittelalters, mit dem man heute oft romantisch heimelige Vorstellungen verbindet, war das Haus der generationsübergreifenden Großfamilie, in dem Kinder, Eltern, Großeltern, sonstige Anverwandte und Arbeitskräfte wohnten, lebten und arbeiteten; es war ein Bund zum Überleben durch Handanpacken von allen auf engstem Raum; etwas von dem, was man heute Privatheit nennt, gab es kaum. Und Kinder hatten noch gar keinen eigenen Stellenwert, erhielten keine besondere Aufmerksamkeit. Erst wenn sie sich als überlebensfähig erwiesen hatten, nahm man sie überhaupt wahr, oft erst dann bekamen sie einen Namen und hatten sich dann in den Arbeitsalltag in Haus, Hof oder Werkstatt der Familie einzufügen. Es war eine Welt, die viele Lichtjahre entfernt war von der UN-Kinderkonvention, deren fünfundzwanzigstes Jubiläum im Jahr 2014 gefeiert wurde.

Gleichwohl: Wenn man über die Zukunft der immer zahlreicheren ganz alten Menschen in unserer Gesellschaft nachdenkt, wenn man über das Zusammenleben der Generationen heute und über Hausgemeinschaften neuer Art sinniert und diese zu praktizieren versucht – dann kann und soll man sich an das „ganze Haus" erinnern und es, vielleicht, wie man das mit einem Altbau aus dem Mittelalter macht, renovieren, restaurieren und modernisieren. Dann ist man bei den generationsübergreifenden Wohnprojekten, die immer öfter ausprobiert werden. Es ist ein Akt der Vernunft und es tut gut, sich mit Anderen, die gleiche oder korrespondierende Bedürfnisse haben, in einem ganzen Haus zusammenzufinden, um sich gegenseitig zu unterstützen und voneinander in Wahlverwandtschaft zu profitieren: die Jungen machen für die Alten Besorgungen, die Alten betreuen die Kinder der Jungen. Die Zukunft der Gesellschaft wird Organisationsphantasie brauchen.

Die Zukunft der Gesellschaft braucht Organisationsphantasie

Man darf und muss sich solche Gedanken machen. Denn auch die Blütezeit der Kleinfamilie ist ja schon wieder vorbei. Diese Blütezeit lag wohl in den sechziger Jahren des 20. Jahrhunderts, als über neunzig Prozent der Deutschen im Lauf ihres Lebens heirateten; um 1910 waren es nur etwa vierzig Prozent der Deutschen gewesen die heirateten, also etwa so viel wie heute. Gut ein Drittel aller Ehen in Deutschland wird geschieden. Allerdings lassen sich die Partner heute mit der Trennung fast drei Jahre mehr Zeit als noch vor zwanzig Jahren – und meist reicht die Frau die Scheidung ein. Die Scheidung erfolgt heute im Schnitt nach knapp fünfzehn Jahren, 1992 war es nach knapp zwölf Jahren.

Und die Normalfamilie Vater-Mutter-Kinder ist schon lang nicht mehr die Normalfamilie. Die Bedeutung der Ehe nimmt ab. Die Bedeutung der nichtehelichen Lebensgemeinschaften und Lebenspartnerschaften nimmt zu, die Zahl der Ein-Personen-Haushalte auch. Die Ehe hat ihre Exklusivität und die Legitimität der Normalität, die sie lange genossen hat, eingebüßt. Man kann das bedauern, aber es ist ein Faktum: Die Ehe hat ihren alten Wert verloren und das Ehegattensplitting hat ausgedient damit, diesen Wert weiterhin zu verteidigen. Der Bedeutungsverlust der klassischen Ehe ist mit Händen zu greifen. „Urquell zur Erhaltung der Nation", wie dies einst formuliert wurde, ist die Ehe schon lang nicht mehr. Das bürgerliche Eherecht hat seine Bedeutung nicht mehr in, sondern nach der Ehe; erst bei der Scheidung und nach der Scheidung kommt es kräftig zum Tragen. Zwar heißt es im Bürgerlichen Gesetzbuch noch immer, dass die Ehe „auf Lebenszeit" geschlossen sei. Aus diesem Satz ist aber eine Lüge geworden, oder, wenn man es milder ausdrücken will, ein Beschwörungsversuch. Scheidungen sind so selbstverständlich geworden wie Eheschließungen.

Werteverlust? Werteverlagerung!

Man kann das alles bedauern oder nicht – es ist so. Das Recht achtet seit geraumer Zeit weniger auf die Ehe, es achtet viel mehr auf Kinder und Familie. Ist das ein Werteverlust? Nein, es handelt sich nach meinem Dafürhalten nicht um einen Werteverlust, sondern um eine Werteverlagerung: Der Stellenwert der Ehe nimmt ab, der Stellenwert von Familie nimmt zu. Die Sorge der Gesellschaft gilt den Kindern, nicht mehr der Ehe. Diese Konzentration auf das Kindeswohl muss in einer Zeit niedriger Geburtenraten auch nicht wundern. Dreh- und Angelpunkt der Unterhaltsansprüche ist heute das Kind und die Sorgetragung für das Kind, nicht mehr die Ehe. Und die nichteheliche Geburt von Kindern ist alltäglich geworden. Drei Millionen Kinder werden von Alleinerziehenden großgezogen. Immer mehr Kinder wachsen in komplexen Lebensverhältnissen, in Patchwork-Familien auf. Voila: Die verschiedensten Lebensformen koexistieren – sie fügen sich, wenn es gut geht, aneinander wie die verschiedensten Blumen im gemalten Strauß des Meisters Peter Binoit.

Martin Luther wäre heute Bundesverfassungsrichter

Martin Luther würde womöglich ein Traktat verfassen, das nicht mehr „Wider die räuberischen und mörderischen Rotten der Bauern" hieße, sondern sich „Wider die Individualisierungs- und Modernisierungsschübe" richten würde, die nach seiner Ansicht die Schöpfungsordnung gefährden. Vater-Mutter-Kinder: Diese klassische Familie war für Luther tatsächlich Teil der ewigen Schöpfungsordnung, die Familie war „das entscheidende Glied zwischen Gott und Staat". Die Familie hatte dienende Funktion, die im Inneren noch einmal verstärkt wurde durch das Dienen der Ehefrau und Mutter. Das vierte Gebot, also das Gebot „Du sollst Vater und Mutter ehren", erfährt in Luthers Großem Katechismus auf 14 Seiten äußerst ausführliche Anmerkungen; das fünfte Gebot, also das Gebot „Du sollst nicht töten", kommt mit viereinhalb Seiten vergleichsweise knapp weg. Die Familie hatte seit Luther einen Zweck, an den die Eltern vor dem Reformator nicht gedacht hatten – der Obrigkeit gute Bürger zu erziehen: „Denn aus der Obrigkeit der Eltern", schreibt Luther, „fließt und verbreitet sich alles andere".

Der Reformator im Sommergewitter

Wer soll denn da, angesichts des Patchwork-Durcheinanders, so würde Martin Luther womöglich heute fragen, der Obrigkeit die gehorsamen Untertanen aufziehen? Nein, so würde er nicht fragen, weil Luther, lebte er heute, nicht von vorgestern wäre. Als einer, der stets der Wirklichkeit offen ins Auge sah, hätte er gewiss federführend mit verfasst, was der Rat der Evangelischen Kirche Deutschlands 2013 in seiner Orientierungshilfe „Zwischen Autonomie und Angewiesenheit" über heutiges Familienleben und seine Wertigkeit auch jenseits der Ehe niedergeschrieben hat.

Lebte Luther heute – vielleicht wäre er Bundesverfassungsrichter; der junge Luther hat ja zunächst Jura studiert und seine Pläne erst 1505 geändert, als er bei Stotternheim in ein schweres Sommergewitter geriet und der Heiligen Anna das Gelübde tat, Mönch zu werden, sollte sie ihn das Unwetter überleben lassen. Als höchster Richter hätte Luther, wie das Bundesverfassungsgericht es in den fünfziger Jahren des 20. Jahrhunderts getan hat, dem Gesetzgeber in Sachen Familienrecht und Gleichberechtigung Beine gemacht. Das Gericht jedenfalls stellte schon bald nach seiner Konstituierung klar, dass Artikel 3 Absatz 2 Grundgesetz nicht lediglich Programmsatz, sondern unmittelbar geltende, alle Staatsgewalten bindende Verfassungsrechtsnorm ist, an der sich Gesetze messen lassen müssen.

Die Entscheidung war weitreichend. Zwar machte sich nach der Rückkehr der Männer aus Krieg und Gefangenschaft, nach der Währungsreform und dem beginnenden wirtschaftlichen Aufschwung erst einmal wieder die Meinung breit, die

Frau gehöre ins Heim zu den Kindern und zurück an den Herd; zwar gab es in den fünfziger Jahren des letzten Jahrhunderts nochmals heftige politische Auseinandersetzungen über die Frage, ob das tradierte Ehe- und Familienbild in seiner rechtlichen Fassung nicht doch der gottgegebenen, der natürlichen Bestimmung von Frau und Mann entspricht. Aber: Das Bundesverfassungsgericht läutete mit seiner Entscheidung zur strikten und umfassenden Bindungswirkung des Gleichberechtigungssatzes das „Aus" ein für die bisherige, auf Hausherrendominanz abzielende Ehe- und Familienrechtskonstruktion.

Das Bundesverfassungsgericht in Karlsruhe ist die Wartburg von heute und zugleich die Schlosskirche von Wittenberg. Die Thesen, die angeschlagen werden, sind oft etwas eigenartig chiffriert – BVerfGE 10, 59; BVerfGE 15, 337; BVerfGE 84, 9; BVerfGE 35, 382 etc. etc., so lauten die Angaben, die die Fundstelle in der Sammlung der Urteile bezeichnen – aber voller Durchsetzungskraft.

Im Namen der Gleichberechtigung

So kippte Karlsruhe im Namen der Gleichberechtigung das Letztentscheidungsrecht des Ehemanns über Ehefrau und Kinder, die männliche bäuerliche Erbfolge und das ehelich-mannesorientierte Namensrecht. Das Verfassungsgericht mahnte eine Reform des Kindschaftsrechts bei gleichberechtigter Elternschaft an (vgl. BVerfGE 35, 382); es bezeichnete die Ehe als gleichberechtigte Partnerschaft mit gleicher Teilhabe der Eheleute am gemeinsam Erwirtschafteten (vgl. BVerfGE 57, 361); es hielt die Herstellung faktischer Gleichberechtigung für notwendig (vgl. BVerfGE 85, 191); es forderte die Beseitigung von beruflichen Zugangsbarrieren für Frauen (vgl. BVerfGE 92, 91) und es richtete sein Augenmerk später auch auf jene Normen, die zwar nicht geschlechtsspezifisch differenzieren, aber gerade dadurch faktisch noch bestehende Benachteiligungslagen von Frauen zementieren und damit Frauen indirekt diskriminieren. Stück für Stück wurde damit der Emanzipation der Frau in Ehe und Familie der Weg bereitet.

Wirtschaft will diktieren, Familie soll parieren

Diese Emanzipation ist nicht egoistische Selbstbefriedigung. Der Wunsch von Müttern, erwerbstätig zu sein, ist auch keine Irreführung durch die Wirtschaft, die das weibliche Arbeitspotential nutzen möchte. Und die Aufhebung tradierter Rollenzuweisungen ist auch nicht der Sargnagel der Familie, wie es der ansonsten hochgeschätzte CDU-Sozialpolitiker Norbert Blüm glauben machen möchte. Aber solange es so ist, dass die Wirtschaft diktieren will und die Familie parieren soll, leidet die Familie. Die Wirtschaft war lange an der traditionellen Familienform interessiert, weil sie dorthin Zeit und Kosten ausgelagert hat, die unter das Rubrum Regeneration, Hausarbeit und familiäre Hilfe fallen.

Das funktioniert aber heute immer weniger, denn heute greift die Wirtschaft immer mehr Frauen aus den Familien als Arbeitskräfte ab. Das tut die Wirtschaft nicht, um der Emanzipation unter die Arme zu greifen, sondern um ihren Bedarf vornehmlich an niedrig bezahlter Arbeit zu decken. Und so finden sich Mütter zu hunderttausenden in Teilzeitjobs zu Billiglöhnen wieder – oft deswegen, weil ein Einkommen nicht mehr reicht, um die Familie durchs Leben zu bringen. Andererseits ist eine Vollzeittätigkeit beider Eltern wegen der Kinder und des sonst brachliegenden Haushalts meist nicht möglich. Bei den atypischen Arbeitsverhältnissen hielten die Frauen 2011 einen Anteil von mehr als siebzig Prozent, bei den Minijobs knapp 78 Prozent, bei der Teilzeitbeschäftigung 86 Prozent. Nur jeder fünfzehnte Mann, aber gut jede dritte Frau waren 2011 teilzeitbeschäftigt. Minijobs sind für viele Frauen eine

Sackgasse, weil ihnen der Übergang in eine reguläre Beschäftigung nicht gelingt. Frauen arbeiten unabhängig von ihrer Qualifikation deutlich häufiger als Männer für einen Niedriglohn. Jede sechste erwerbstätige Frau bezieht einen Stundenlohn unter sieben Euro. Selbst mit einer abgeschlossenen Berufsausbildung tragen Frauen ein Niedriglohnrisiko, das fast doppelt so hoch ist wie das der Männer.

Das ist die unbefriedigende Situation – Lohndumping, unsichere Arbeitsverhältnisse, unflexible Arbeitszeiten und Arbeitslosigkeit tun ihr Übriges. Familie ist an der Grenze der Leistungsfähigkeit angelangt. Das gilt für die Vater-Mutter-Kinder-Familie ebenso wie für andere Verantwortungsgemeinschaften mit Kindern. „Verantwortungsgemeinschaften" – das klingt immer so fortschrittlich, das verheißt bunte Lebensformen, das klingt nach dem „ganzen Haus" in neuer und modernisierter Form. Aber die lesbische Partnerschaft mit Kind und Oma im Haus ist mit Sicherheit nicht so regenbogenbunt wie sie klingt, wenn sie das Schicksal trifft und zur Bedarfsgemeinschaft in der grauen Tristesse eines Hartz-IV-Haushalts wird.

Die beste Familienpolitik ist gute Sozial- und Tarifpolitik

Was ist die beste Familienrechtspolitik? Die beste Familienrechtspolitik ist daher zuerst einmal eine gute Sozial-, Arbeitsmarkt- und Tarifpolitik. Die beste Familienrechtspolitik sind rechtlich stabile Arbeitsverhältnisse, hinreichende Löhne, gute und bezahlbare Kinderbetreuungseinrichtungen. Die beste Familienpolitik sind Arbeitszeitverkürzungen und flexiblere Arbeitszeiten, die sich an den familiären Bedürfnissen orientieren. Die beste Familienpolitik ist eine Ausweitung der Mitbestimmung. Warum Ausweitung der Mitbestimmung? Weil wohl nur auf diese Weise die Wirtschaft zu ihrem Glück gezwungen werden kann – nämlich Arbeit wirklich familienverträglich zu gestalten. Wenn immer mehr junge Menschen wegen der Vielzahl von Unsicherheiten sich scheuen, eine Familie zu gründen, dann bleiben die Kinder, damit die künftigen Arbeitskräfte und damit der wirtschaftliche Erfolg aus. Es braucht einen stabilen arbeitsrechtlichen Rahmen, um die Familie zu einem Ort zu machen, an dem ein gutes Leben, ein Still-Leben mit Kindern möglich ist.

Lebte Luther heute, er wäre nicht von vorgestern. Er, dem die Kinder und ihr Gedeihen ein besonderes Anliegen war, hätte klargestellt, wie es das Verfassungsgericht getan hat, dass auch Kinder Wesen mit eigener Menschenwürde sind und Grundrechtsträger; dass Kinder einen eigenen Anspruch auf Entfaltung ihrer Persönlichkeit haben, dem die Eltern Rechnung tragen müssen und den der Staat notfalls zu gewährleisten hat. Er würde sagen, dass Kinder nicht Gegenstand elterlicher Rechtsausübung sind, sondern Rechtssubjekte, und dass sie ein Recht haben auf Pflege und Erziehung durch ihre Eltern. Er würde sagen, dass der Staat sicherzustellen habe, dass sich die Wahrnehmung des Elternrechts am Kindeswohl ausrichten muss. Er wäre ein Festredner zum Jubiläum der UN-Kinderkonvention – und er würde durchdeklinieren, was das „Kindeswohl" verlangt.

Familie ist jeder Ort, der Kindern Schutz und Nähe gibt

Und lebte der Philosoph Georg Wilhelm Friedrich Hegel, der Protagonist des deutschen Idealismus, heute – vielleicht schriebe er an der Neuauflage des Palandt mit, dem Kommentar zum Bürgerlichen Gesetzbuch, und würde dort darüber nachsinnen, was Familie heute bedeutet. Und beide, Luther und Hegel, kämen womöglich auf die richtige Idee: Familie ist nicht nur Vater-Mutter-Kinder, Familie ist jeder Ort, an dem ein Kind verlässlich erfahren kann: „Ich bin wertvoll" und „Ich kann dem Leben vertrauen". Familie ist ein Ort, an dem ein Kind in seiner Entwicklung geschützt und gestützt wird. Es gibt viele dieser Orte, an denen Kinder diese wichtigste aller Lebenserfahrung machen können – nicht nur die Vater-Mutter-Kind-Familie. Nein, auch die Vater-Vater-Kind-Familie. Auch die Mutter-Mutter-Kind-Familie. Auch die Mutter-Kind-Familie. Auch die Vater-Kind-Familie. Auch die Patchwork-Familie. Oder auch die Gemeinschaften, für die es noch gar keinen richtigen Namen gibt. Es ist nicht wichtig, ob es einen spezifischen neuen Namen für die Gemeinschaft gibt. Die Hauptsache ist, wenn in einer solchen Gemeinschaft Kindern das Gefühl gegeben wird: Ich bin wertvoll. Und: Ich kann dem Leben vertrauen.

Heimat – heute, morgen, übermorgen

Dann ist jeder dieser Orte als Familie schützenswert. Diese Orte sind der soziale Hafen für Kinder, sie sind der Ort, von dem sie wissen, dass er für sie Heimat ist – heute, morgen, übermorgen. Als Familie schützens- und unterstützenswert ist jeder der Orte, der Kindern Selbstsicherheit, Geborgenheit und Kontinuität verspricht. Das mag und soll in sehr vielen Fällen immer noch die Vater-Mutter-Kinder-Familie sein. Aber das Recht soll und darf sie nicht zum exklusiven, einzig richtigen Ort idealisieren.

Familie ist jeder Ort, der Kindern Schutz und Nähe gibt. Familie ist jeder Ort, an dem – das klingt ein wenig pathetisch, stimmt aber ganz genau – der Mensch zu Ende geboren werden kann. Jeder Ort, an dem Kinder dies erfahren, ist Familie. Familie ist der Ort verlässlicher Bezugspersonen, wie immer dieser Ort ausgestaltet ist, wie immer dieser Ort organisiert ist, wie immer die Beziehungen der Menschen dort geflochten und verflochten sind, ob es nun leibliche Eltern sind oder soziale Eltern, die dem Kind die Ruhe und die Gefasstheit geben, die es braucht. Das Recht muss dabei helfen, die Strukturen, die Orte und die

Bedingungen zu schaffen dafür, dass ein Kind genau das spüren und sagen kann: Ich bin wertvoll. Das zu erfahren, ist vielleicht das Wichtigste, was man erfahren kann – weil das der Unterbau ist für das ganze Leben. Familienrecht: dieses Wort verdient nur ein Recht, das wenigstens ein wenig dazu beiträgt.

Das Recht kann mehr, als nur Altes verteidigen

Man hätte das Leben gern berechenbar, übersichtlich, klar geordnet – nach Wunschbildern. Aber: So ist es leider nicht. Gewiss: Das Recht kann versuchen, ein Ideal zu beschreiben, es festzuhalten und zu verteidigen – und Rechtspositionen wie Ansprüche möglichst nur den Lebensformen geben, die dem Ideal entsprechen. Genau das hat das Familienrecht lange versucht. Als das Bürgerliche Gesetzbuch formuliert wurde, war es so: Wer außerhalb der Ehe stand oder geboren wurde, wurde vom Privatrecht ausgeblendet, vom Polizeirecht allerdings erfasst. Dies war, so die herrschende Meinung, der sittlichen und rechtlichen Ordnung geschuldet. Im Bürgerlichen Gesetzbuch fanden daher zunächst allein die Ehe und mit ihr in Gleichsetzung die eheliche Familie mit ihren von der Moral diktierten Strukturen ihren nachhaltigen rechtlichen Niederschlag – ungeachtet der realen Verhältnisse und nach der Devise: was nicht sein soll, das nicht sein darf und schon gar nichts rechtens. Ist das wirklich das richtige rechtliche Motto?

Es hat sich gezeigt, dass das Recht auch dann, wenn es Idealbilder, wenn es Wunschbilder hoch- und an ihnen festhält, nach einiger Zeit das nachvollziehen und anerkennen muss, was neben dem hochgehaltenen Ideal Realität geworden ist. Das hat das Recht getan, zum Beispiel bei der Scheidungsreform.

Das Recht kann aber mehr – es kann mehr als nur Altes zu verteidigen und Neues widerstrebend anzuerkennen. Es kann auch versuchen, den sich abzeichnenden Entwicklungen ah-

nend vorauszueilen und der gesellschaftlichen Akzeptanz dafür vorsichtig den Weg zu bereiten – so wie es das bei den Rechten für Schwule und Lesben gemacht hat. Dann ist das Recht
eine Art Wegweiser oder gar ein Pfadfinder in den Fährnissen
des Lebens. Als das Bundesverfassungsgericht die sogenannte Homo-Ehe der Ehe immer mehr angenähert hat, war es Pfadfinder. Es hat den richtigen Pfad gefunden. Wenn in Ehe und
Lebenspartnerschaft die jeweiligen Partner gleiche Rechte und
Pflichten im Verhältnis zueinander haben und gleichermaßen
Verantwortung füreinander zu tragen haben – dann ist Gleichbehandlung auch dann notwendig, wenn der Staat Sonderleis-
tungen und rechtliche Privilegierungen einräumt zur Beloh-
nung für solche Verantwortungsübernahme.

Die Romantik und die Wirklichkeit

Von der Romantik bis heute wird von der Idylle der Vater-Mutter-Kinder-Familie erzählt und geträumt, in wechselndem
Gewand: Sie kam zunächst im bürgerlichen Biedermeier-In-
terieur daher; die Idylle erhob den Anspruch, auf Liebe be-
gründet zu sein, die sich mit der Ehe schon einstelle; die Idylle
wurde später eine düstere Zeit lang durch den Mutterkult und
den tapferen Mann an der Front heroisiert, der Familie und
Vaterland verteidigt; die Idylle fand danach, in den fünfziger
Jahren des vergangenen Jahrhunderts, ihr Heile-Welt-Bild im
trauten Heim von Vati, Hausfrau-Mutti und ihren gehorsamen
Kindern; heute wird uns die Idylle als spätes junges Glück mit
Kind präsentiert, einem Kind, das neben dem Beruf den Ehrgeiz der Eltern beflügelt, nur ja alles daranzusetzen, auf dass
dem Kinde das Beste widerfährt, was es braucht, um Erfolg zu
haben – und sei es eine chinesische Nanny.

All diese Familienbilder trauter Zweisamkeit von Mann
und Frau mit Kindern haben aber gewiss nicht immer, gewiss
nicht in jeder Hinsicht und gewiss nicht für alle mit der Wirk-

lichkeit übereingestimmt. Nichtehelich geborene Kinder wurden noch bis vor ein paar Jahrzehnten nicht zur Familie gezählt und hatten keinerlei rechtliche Beziehung zu ihrem Erzeuger. Eheliche Kinder wiederum waren lange Zeit entweder Statussymbol oder nützliche Arbeitskraft; sie waren weniger elterliches Liebesobjekt, sondern wurden eher als familiäres Eigentum betrachtet, das nutzbringend einzusetzen war; in begüterten Kreisen wurden sie den Ammen und Erziehern statt mütterlicher Obhut überlassen; und dort, wo die Armut herrschte, wurden Kinder schon in frühem Alter zum Broterwerb angetrieben.

Betrachtet man die Situationen von Frauen in den Familien, so waren sie, wie auch immer sie ihr Leben führten, viele Generationen lang zur Abhängigkeit verurteilt. Als Ledige konnten sie, je nach Stand, allenfalls als sitzengebliebene und durchgefütterte Tochter im Familienkreis, als Gouvernante bei fremder Herrschaft oder als Magd ihr Leben fristen. Wurde sie ohne Ehestand Mutter, so bedeutete das für sie und ihre Kinder bis weit ins zwanzigste Jahrhundert hinein gesellschaftliche Ächtung. Verheiratete Mütter wiederum hatten ihrem Ehemann zu gehorchen, der auch Zuchtmeister der gemeinsamen Kinder war. Sich selbst mütterlich um diese zu kümmern, war lange Zeit eher ein Makel und Zeichen niedrigeren Standes. Allein die Ehe führte Frauen zu Ehrbarkeit durch Unterwerfung als Ausdruck von Liebe und Hörigkeit – und war die einzige anerkannte Grundlage für die Familiengründung.

Kehrseite der Idylle

Eheschließung blieb allerdings lange Zeit nur denen vorbehalten, die über etwas Geld und eine gewisse Selbständigkeit verfügten. Gesinde durfte nur mit Einwilligung des Herrn heiraten. Erst die industrielle Revolution ließ diese Ehe- und Familienzugangsbeschränkungen fallen. Nun konnten arme

Leute heiraten, doch änderte das nichts an der prekären Lage, in der sie sich befanden. Sie gründeten das, was man heute Bedarfsgemeinschaften nennt, deren Zustand sich mit jedem dazukommenden Kind noch verschlechterte.

Tempi passati? Lange her, lang vorbei? Auch heute reibt sich die Familienidylle an der Wirklichkeit. Das betrifft nicht nur die im anhaltenden Streit auseinandergehenden Ehe-/Paarbeziehungen mit ihren schwerwiegenden Folgen für die Kinder; das betrifft nicht nur die Patchwork-Familien, bei denen Kinder sich einer Mehrzahl von Müttern und Vätern gegenübersehen, zwischen denen nicht immer gutes Einvernehmen herrscht, so dass Kinder sich hin- und hergerissen fühlen. Die Idylle reibt sich auch bei denen mit der Wirklichkeit, die gerne eine Familie gründen würden, aber angesichts unbezahlter Praktika, befristeter Arbeitsverhältnisse und mangelnder Kinderbetreuungsmöglichkeiten keine Zukunftssicherheit sehen und deshalb vor einer Familiengründung zurückscheuen – solange, bis sich der Kinderwunsch nicht mehr erfüllen lässt.

Die Stigmatisierung nichtehelicher Kinder

Die Idylle, das ideale, das idealisierte familiäre Leben hat lange dazu geführt, dass das, was da vermeintlich nicht hineinpasste, äußerst abfällig behandelt wurde; das war die Kehrseite der Idylle. Das galt für die nichtehelichen Kinder, das galt für die Schwulen und Lesben, und für alle sonst, die nicht der vermeintlichen sexuellen Norm entsprachen. Es ist schier unglaublich, wie lange die Stigmatisierung nichtehelicher Kinder gedauert hat – bis weit, weit in die Zeiten des Grundgesetzes hinein. Ledige Mütter waren geächtet, sie wurden vom Gesetz so behandelt, als wären sie nicht ganz zurechnungsfähig, ihnen wurde, das ist erst ein paar Jahrzehnte her, das Jugendamt als Vormund vor die Nase gesetzt; ihre Kinder galten als Kinder dritter Klasse; die Väter wollten mit ihnen nur selten etwas zu tun haben – und das Recht gab ihnen bis in die jüngere Vergangenheit recht: Das uneheliche Kind war zwar genetisch mit dem Vater verwandt, aber nicht rechtlich. Das ist nicht viele Jahrhunderte her, sondern nur wenige Jahrzehnte. Bis 1969 war das so, obwohl das Grundgesetz da schon seit dreißig Jahren galt. Es waren die Verfassungsrichter in Karlsruhe, die die Hand ausstreckten und die nichtehelichen Kinder Stück für Stück aus dem Abseits zogen.

Die rechtliche Miss-Behandlung der nichtehelichen Kinder war, wie gesagt, die Kehrseite der idealisierten familiären Idylle. Und auf dieser Kehrseite standen auch die Homosexuellen. Erst seitdem die familiäre Idylle nicht mehr hält, seitdem kommt das Recht dazu, Homosexualität und homosexuelle Verbindungen zu akzeptieren, zu respektieren und zu schützen. Die Rechtsprechung des Verfassungsgerichts zu den Rechten von Homosexuellen ist ein Justizwunder, eines im Fortsetzungszusammenhang. Seit gut zehn Jahren stärkt Karlsruhe die Rechte der Schwulen und Lesben in Lebenspartnerschaften – in einer Weise, die man als historisch bewerten darf.

Auch Homo-Ehen sind Verantwortungsgemeinschaften

Die Homo-Ehe: In Frankreich flogen Steine; in Deutschland fallen Urteile – aber nicht gegen, sondern für Homosexuelle. Urteil für Urteil hat Karlsruhe die Rechte von Schwulen und Lesben gestärkt; Urteil für Urteil hat das Gericht die Homo-Ehe der Ehe angeglichen; Urteil für Urteil haben die Richter dem Gesetzgeber erklärt, dass auch gleichgeschlechtliche Gemeinschaften Verantwortungsgemeinschaften sind; Urteil für Urteil haben die Richter gesagt, dass es Ungleichbehandlung aufgrund sexueller Orientierung nicht geben darf. Das Verfassungsgericht hat die Akzeptanz von Homosexualität in der Gesellschaft gefördert. Das ist ungewöhnlich, aber richtig, ja geboten.

Normalerweise hinkt die Justiz dem Zeitgeist hinterher. In Juristenkreisen galt es lange als geradezu schick, den Zeitgeist zu verteufeln. Man setzte dabei den Zeitgeist gleich mit kurzfristigen Moden, mit modischen Trends – und übersah zumeist, dass Zeitgeist etwas anderes ist: ein kollektives Hintergrundbewusstsein. Es hat daher ewig gedauert, bis das Verfassungsgericht Sitzdemonstrationen nicht mehr automatisch als strafbare Nötigung begriffen hat, sondern als rechtmäßige Form des politischen Protestes. Das Hintergrundbewusstsein des Verfassungsgerichts ist aber, wenn es um den Schutz von Homosexuellen geht, ein ganz besonderes. Hier sind sich die Richter dessen bewusst, dass das Grundgesetz eine Verfassung ist, die sich dem Schutz von Minderheiten ganz besonders verschrieben hat.

Der beste Teil der Rechtsprechung

Das hat einen historischen Hintergrund: Die Nationalsozialisten haben die Minderheiten grausam verfolgt. Daraus hat das Grundgesetz seine Lehren gezogen, und das Verfassungsgericht auch. Der beste Teil seiner Rechtsprechung betrifft die Rechte von Minderheiten. Ohne Karlsruhe ginge es Strafgefangenen, Pazifisten, nichtehelichen Kindern, Sozialhilfeempfängern und Hartzern, Transsexuellen und Homosexuellen viel schlechter. Das Verfassungsgericht war und ist ihre Schutzmacht. Nur bei den Flüchtlingen hat das Gericht versagt; bei der Änderung des Asylgrundrechts hat es gekuscht.

Die Schutzmächtigkeit des Gerichts hat sich bei der Stärkung der Rechte der Homosexuellen eindrucksvoll gezeigt. Seitdem das Lebenspartnerschaftsgesetz im Jahr 2001 Schwule und Lesben noch scheu und zurückhaltend eingeladen hat, sich vor dem Standesbeamten zu verpartnern, seitdem hat das Gericht diese Rechtsentwicklung konsequent und kontinuierlich vorangetrieben. Nun steht nur noch das gemeinsame Adoptions-

recht für homosexuelle Partnerschaften aus. Dann ist die
Homo-Ehe komplett – mit allen Rechten, mit allen Pflichten
der Hetero-Ehe.

Ein neues Familiengrundrecht

Die deutsche Gesellschaft hat sich, anders als die französische, an diese Rechtsentwicklung gewöhnen können. Karlsruhe hat nämlich, stillschweigend und peu a peu, das Grundgesetz um ein Grundrecht ergänzt, das man so formulieren
könnte: „Der Staat achtet und schützt alle Lebensformen. Lebensgemeinschaften mit Kindern und Hilfsbedürftigen stehen unter dem besonderen Schutz der staatlichen Ordnung."
Es ist dies ein Satz, der 1993 bei der Überarbeitung des Grundgesetzes nach der deutschen Einheit schon einmal auf dem
Tisch des Verfassungsgebers lag, aber von der CDU/CSU nicht
akzeptiert wurde. Das dürfte heute anders sein. Man sollte
den Satz so ins Grundgesetz schreiben, als neuen Artikel 6 Absatz 1 Grundgesetz.

Des Lebens pralle Fülle

Was soll das Recht leisten? Es ist dafür da, einerseits das Leben zu akzeptieren, und zwar so wie es ist, und es andererseits zu ordnen – gerade dann, wenn dieses Leben schwierig
und kompliziert, also gewissermaßen unordentlich ist. Unor-
dentlichkeiten gibt es überall: in Bäckereien, in der Schule, in
den Kirchen, auch im Bundestag; vielleicht am wenigsten in
den Notariaten; am häufigsten aber gibt es diese Unordent-
lichkeiten im ehelichen und nichtehelichen Alltag. Wenn es in
den persönlichen Beziehungen drunter und drüber geht und
im Drüber und Drunter Kinder gezeugt, geboren und erzogen
werden, muss das Recht die Dinge ordnen. Deshalb ist das Fa-
milien- und Kindschaftsrecht auch ein Sicherheitsrecht: Es

soll ein wenig Sicherheit bringen in des Lebens pralle Fülle. Sie, die Notare, gehören zu den Protagonisten dieses besonderen Sicherheitsrechts.

Es ist gut, dass die leidvolle Historie rechtlicher Diskriminierung von nichtehelichen Kindern und ihren Eltern hoffentlich endgültig zu Ende ist. Jedes Kind hat ein Recht auf Eltern – auch das nichteheliche Kind. Das ist, in einem einzigen Satz, inzwischen der wesentliche Inhalt des Sorgerechts. Das neue Sorgerecht trachtet deshalb danach, dass auch unverheiratete Eltern das Sorgerecht gemeinsam ausüben. Das ist richtigerweise das neue gesetzliche Leitbild. Wenn es gilt, Mutter, Vater und Kinder einander zuzuordnen, dann steht das Kind, ob ehelich oder nicht, im Zentrum der Familienaufstellung. Die anderen Beteiligten werden von einem klugen Recht außen herum gruppiert. Es ist gewiss richtig, dass eine Affäre etwas anderes ist als eine Ehe – aber nicht für das Kind; und auch nicht für den Vater, was die Verantwortung für sein Kind angeht. Elterliche Verantwortung tragen Mutter wie Vater. Beide sollen sich um das Kind kümmern, das ist der richtige Kerngedanke des neuen Sorgerechts.

Jedes Kind hat ein Recht auf Eltern

Nun ist aber, so spielt das Leben, der rechtliche Vater nicht immer auch der biologische. Der biologische Vater ist derjenige, der das Kind gezeugt hat. Der rechtliche Vater hingegen ist derjenige, der in einer Ehe mit der Mutter lebt, der die Vaterschaft mit Zustimmung der Mutter anerkannt hat oder der, dessen Vaterschaft gerichtlich festgestellt wurde. Solange ein Kind einem Vater auf diese Weise zugeordnet ist, bleibt für eine weitere Zuordnung kein Raum. Ein leiblicher Vater hat dann (selbst wenn er zahlen, sorgen und erziehen will) das rechtliche Nachsehen. Das Bundesverfassungsgericht sagt: „Ein Nebeneinander von zwei Vätern, denen zusammen mit der Mutter die jeweils gleiche Elternverantwortung für das Kind zukommt, entspricht nicht der Vorstellung von elterlicher Verantwortung", das dem Grundgesetz zugrunde liege. Warum? Je mehr familiäre Entscheider es für das Kind gibt, umso schwieriger wird die Entscheidung – sagt Karlsruhe. Deswegen hat das Gericht dem biologischen Vater weder die Möglichkeit zugebilligt, sich als zweiten rechtlichen Vater neben den ersten zu stellen, noch gar die Befugnis, den rechtlichen Vater aus einer funktionierenden Familie hinauszukicken und sich an seine Stelle zu setzen. Ist das schon der Weisheit letzter Schluss?

Karlsruhe hat dem Erzeuger, je nach Einzelfallprüfung am Maßstab des Kindeswohls, das Recht gegeben, Umgang mit seinem Kind zu pflegen – eine Mini-Vaterschaft. Der Europäische Gerichtshof für Menschenrechte in Straßburg hat an dieser Rechtszuweisung der Vaterposition nicht gerüttelt. Er hat Klagen von biologischen Vätern abgewiesen, die sich in eine funktionierende Familie als neue rechtliche Väter hineindrängen wollten.

Wofür das Familienrecht da ist

Natürlich darf Recht nicht blind sein: In Patchwork-Zeiten ist es fast zur Regel geworden, dass Kinder mehrere Väter haben – die alten und die neuen Partner ihrer Mütter. Wenn das im Alltag funktioniert, ist es gut. Das Recht muss ja zu ordnen versuchen, wenn es nicht gut ist, wenn es die Leute nicht selber hinkriegen. Dafür ist es da.

Das Recht im Allgemeinen und das Familienrecht im Besonderen soll, ein wenig Sicherheit bringen in des Lebens pralle Fülle – und es soll die Familie stärken, weil die Familie Sicherheit in das Leben der Kinder bringt. Familie soll der Ort sein, an dem Kinder sich behütet fühlen. Zu den notwendigen Glückserfahrungen der Kindheit gehört die Gewissheit, dass es verlässliche Beziehungen gibt. Diese Erfahrung ist der emotionale Unterbau für ein gutes Leben. Irgendwann einmal muss der Mensch Glück erfahren haben – am besten in der Kindheit. Es muss ein verlässlicher Mensch sein, auf den das Kind blickt. Diese Verlässlichkeit ist die Ruhe im Wandel, die Stille im unstillen Leben. Das Recht muss verlässlich auch für die da sein, die nicht in einer wohlsituierten oder vermeintlichen Ideal-Familie aufwachsen.

Reden, tanzen, essen, feiern

Vor ein paar Jahren wurde die Autobahn A 40, sie ist eine der befahrensten im Land, für einen Tag gesperrt. Diese Aktion „Still-Leben Ruhrschnellweg" war eine der prominentesten Aktionen im Rahmen der Kulturhauptstadt Ruhr. Die Autobahn wurde für allen Verkehr gesperrt. Sie wurde still, der Krach hörte auf und die Raserei auch – und dann wurde die Autobahn auf ganz andere Weise lebendig: Sie wurde zu einem Ort, auf dem die Menschen geredet, getanzt, gegessen und gefeiert haben; sie haben musiziert, Theater gespielt, sie waren bei sich. So ein Still-Leben muss man auch der Familie gönnen – und zwar nicht nur einen Tag lang.

Familie kann, muss der Ort der Widerständigkeit sein gegen den gesellschaftlichen Beschleunigungsdruck. Familie muss, kann ein Ort des Gegendrucks sein gegen den Druck, der von außen, von den Medien zum Beispiel, erzeugt wird. Familie kann, muss ein Ort des Zur-Ruhe-Kommens sein. Jeder Ort, an dem Kinder dies erfahren, ist Familie. Und Recht ist dafür da, diese Erfahrung nicht nur zu ermöglichen, sondern zu stärken.

Der Text basiert auf einem Vortrag bei der Jahresversammlung des Vereins für das Rheinische Notariat e.V. am 22.11.2014 im Plenarsaal des Oberlandesgerichts Köln

Eine Verfassung ist eine Liebeserklärung an ein Land. Wenn Kinder darin nicht vorkommen, fehlt ihr etwas.

Das Grundgesetz soll Kinder kriegen

D as Grundgesetz hat keine Kinder. Sie kommen dort, anders als in den Landesverfassungen, nicht vor, jedenfalls nicht als Inhaber von Rechten. Es gibt die Kinder im Grundgesetz nur als Thema elterlicher Verantwortung. Allein den nichtehelichen Kindern gibt das Grundgesetz ausdrücklich ein Recht: das auf Gleichbehandlung mit ehelichen Kindern.

Aber welche Behandlung soll das sein? Die Antwort steht in den Urteilen des Bundesverfassungsgerichts: Förderung ihrer Fähigkeiten, bestmöglichen Schutz. Ein solches Grundrecht hat Karlsruhe längst anerkannt. Aber es ist immer noch ungeschrieben. Das sollte nicht so bleiben; man versteht nicht, warum seit über zwanzig Jahren alle Bemühungen scheitern.

Gutes Fundament

Es ist in dieser Zeit so viel Unsinn ins Grundgesetz geschrieben worden, dass so Sinnvolles wie ein Kinderrecht einen wieder ein wenig positiver gestimmt hätte angesichts der Verunstaltung etwa der Artikel 13 (Wohnung) und 16 (Asyl). Gewiss: Ein geschriebenes Grundrecht hilft einem Kind, das in Not aufwächst, auf die Schnelle gar nichts. Als Sofortprogramm gegen Gewalt ist ein Grundrecht untauglich. Es ist kein Schutzschild; es ist aber ein gutes Fundament, auf dem gute Kinderpolitik gedeihen kann.

Eine Verfassung ist auch eine Liebeserklärung an ein Land. Wenn Kinder darin nicht vorkommen, fehlt ihr etwas.

Erschienen am 17. 11. 2012

Durfte Josef das Jesuskind verhauen? Die Eltern der Sekte „Zwölf Stämme" erziehen ihre Kinder mit großer Strenge.

Gewalt kommt in den besten Familien vor

Das Recht der Kinder auf gewaltfreie Erziehung

Auf Weihnachtskarten sieht man Bilder von Rubens oder Rembrandt, welche die Heilige Familie in heiliger Eintracht zeigen. Gelegentlich sieht man auch die Heilige Familie in romantischer Bedrängnis, nämlich auf der Flucht nach Ägypten. Das alles sind vertraute Sujets. Max Ernst hat sie 1926 zu zerschlagen versucht, als er ein Bild malte, das wenig weihnachtsgrußtauglich ist. Es heißt: Die Jungfrau züchtigt das Jesuskind vor drei Zeugen.

Der Heiligenschein, zu Boden gefallen

Man sieht darauf, wie Maria den Jesusknaben übers Knie legt und ihn versohlt; der Heiligenschein ist schon zu Boden gefallen. Die drei Zeugen der Szene sind der Surrealist André Breton; er blickt gar nicht hin. Der zweite, der Schriftsteller Paul Éluard, hält den Vorgang offenbar für das Natürlichste auf der Welt. Und der dritte Zeuge ist der Maler selbst; er schaut die Betrachter seines Werkes an. Auf diese Weise holt er sie und setzt er sie ins Bild: Gewalt kommt in den besten Familien vor. Vielleicht ist es diese Erkenntnis, die manche Politiker davor zurückschrecken lässt, ein Kinderrecht in das Grundgesetz zu schreiben: Weil Gewalt in den besten Familien vorkommt, könnte es ja sein, so lautet ihre stille Befürchtung, dass auf einmal der Staat in Gestalt des Jugendamts oder gar der Polizei vor der Tür steht, wenn einem einmal, wie man so sagt, die Hand ausrutscht.

Aus den Regeln zur körperlichen Züchtigung von Kindern durch ihre Eltern: „Art und Maß der Züchtigung muss sich nach der körperlichen Beschaffenheit des Kindes, nach seinem Alter, nach der Größe seiner Verfehlung und nach seiner allgemeinen sittlichen Verdorbenheit richten. Rechtfertigen diese Umstände die Anwendung solcher Züchtigungsmittel, die eine nachhaltige und schmerzhafte Wirkung hervorrufen, so wird regelmäßig anzunehmen sein, dass damit die Grenzen einer vernünftigen Züchtigung nicht überschritten sind."

Eine gelegentliche Tracht Prügel

Diese Sätze stammen nicht aus einem vorsintflutlichen Erziehungsratgeber; sie stammen nicht aus der Kaiserzeit; sie stammen auch nicht aus einer fundamentalistischen Schrift, also nicht aus einem Heftchen der Sekte „Zwölf Stämme". Es handelt sich um höchstrichterliche Rechtsprechung. Gewiss, nicht von heute. Aber immerhin: Die Sätze stammen vom Bundesgerichtshof aus dem Jahr 1952. Mit diesen Sätzen haben es damals die Richter in Karlsruhe gebilligt, was Eltern mit ihrer 16-jährigen Tochter Irmhild anstellten.

Die Tochter hatte, wie die Richter missbilligend feststellten, „trotz ihres jugendlichen Alters sexuelle Kontakte". Daraufhin band der Vater, als er aus dem Haus ging, die Tochter am Stuhl fest. Ein andermal schoren die Eltern der Tochter sehr verunstaltend die Haare, auf dass sie sich auf der Straße nicht mehr sehen lassen könnte. Man liest heute ein solches Urteil so ungläubig, wie man die Nachrichten von der obskuren Glaubensgemeinschaft „Zwölf Stämme" liest, die die Kinder „unbeeinflusst von modernen Strömungen" in Landkommunen sehr streng und nach wörtlich genommenen biblischen Grundsätzen erziehen, und die den staatlichen Schulunterricht unter anderem wegen des Sexualkundeunterrichts und der Vermittlung der Evolutionslehre ablehnen.

Bundesdeutschen Richtern war solche Zucht einst sehr recht: „Das Festbinden und das Kurzscheren der Haare kann nicht als quälende Behandlung angesehen werden." Es galt als zulässige und verständliche Erziehungsmaßnahme. Das war 1952. Lange her? Aus dem Jahr 1986 stammt, wiederum vom Bundesgerichtshof in Karlsruhe, die sogenannte Wasserschlauch-Entscheidung. „Christine war damals etwa acht Jahre alt und hatte seit ihrem fünften Lebensjahr erhebliche Erziehungsschwierigkeiten bereitet", so liest man im Urteil. Das Kind hatte die Brillen des Vaters und des Bruders sowie ein „teures Fernglas" kaputt gemacht. Daraufhin griff der Vater in Absprache mit der Mutter in vier Fällen zu einem, wie die Richter feststellten, „1,4 cm starken und in sich stabilen Wasserschlauch" und schlug dem Kind „jeweils mehrmals auf das Gesäß und die Oberschenkel, wobei jeweils rote Striemen entstanden". Strafbare Körperverletzung? Mitnichten. Die obersten Richter hoben das Urteil des Landgerichts auf, das die Eltern zu Bewährungsstrafen verurteilt hatte. Eine gelegentliche Tracht Prügel sei, so die Bundesrichter damals, durchaus zulässig; man müsse halt alle „objektiven und subjektiven Umstände des Tatgeschehens" sorgfältig prüfen.

Sekteneltern, Pflegefamilien

Solche Richter wünschen sich die Fundamentalisten von heute, die fest daran glauben, dass Gott und die Heilige Schrift ihnen angeraten haben, die Kinder tüchtig zu züchtigen. Solche Richter wünschen sich Eltern, die dagegen protestieren, dass ihre geschlagenen Kinder vom Jugendamt in andere Familien gegeben werden. Es geht in diesen Fällen nicht darum, dass gestressten und überforderten Eltern, wie man so sagt, „die Hand ausgerutscht" ist. Religiöse Sekten, die „Zwölf Stämme" zum Beispiel, sind stolz darauf, dass sie ihre Kinder mit Rohr und Rute strafen, also verprügeln; die deutschen Behörden haben den Eltern in diesen Sekten deswegen, nach Prüfung jedes Einzelfalls, die geschlagenen Kinder weggenommen und in Pflegefamilien untergebracht. Das Gesetz sagt nämlich folgendes: „Kinder haben ein Recht auf gewaltfreie Erziehung. Körperliche Bestrafungen, seelische Verletzungen und andere entwürdigende Maßnahmen sind unzulässig." So steht es im Bürgerlichen Gesetzbuch, Paragraf 1631 Absatz 2; aber noch nicht sehr lange, erst seit dem Jahr 2000, erst seit dem „Gesetz zur Ächtung der Gewalt" der rot-grünen Koalition, also erst seit der ersten Regierung Schröder. Die schwarz-gelbe Koalition unter Helmut Kohl hatte ein solches Recht noch im Jahr 1997 abgelehnt, da ansonsten „das Erziehungsrecht der Eltern zu sehr eingeschränkt" und „die Strafbarkeit der Eltern ausgeweitet" würde.

Ein göttliches Züchtigungsrecht?

Wer also das freudige Bekenntnis der Sekteneltern zum elterlichen Züchtigungsrecht als „vorsintflutlich" bezeichnet, der muss auch konstatieren, dass diese Sintflut noch nicht so lange her ist. Erst seit dem Jahr 2000 gilt ohne Wenn und Aber das Verbot der Züchtigung von Kindern. Die Empörung über die Sekteneltern verdrängt das – vielleicht aus Scham über das Vergangene; vielleicht aus Stolz über das Erreichte, weil sich wirklich ein gesellschaftlicher Wandel rasant vollzogen hat. Es war ein guter Wandel: Recht und Gesellschaft haben gelernt, dass Kinder nicht Gegenstand elterlicher Rechtsausübung sind, sondern Rechtssubjekte – Wesen mit eigener Menschenwürde und Grundrechtsträger.

Ursprünglich hatte im BGB, als es am 1. Januar 1900 in Kraft trat, Folgendes gestanden: „Der Vater kann kraft des Erziehungsrechts angemessene Zuchtmittel gegen das Kind anwenden. Auf seinen Antrag hat das Vormundschaftsgericht ihn durch Anwendung geeigneter Zuchtmittel zu unterstützen." Das galt so bis 1958. Dann wurde zwar das „Zuchtmittel" entfernt und durch „Maßregeln" ersetzt – ohne dass sich aber, siehe die Urteile oben, in der Sache etwas grundlegend geändert hätte. 1980 kam der Satz ins Gesetz, dass „Entwürdigende Erziehungsmaßnahmen unzulässig" seien, aber nicht der Satz, dass Prügel entwürdigend sind. 1998 ließ die Regierung Kohl, es war kurz vor ihrer Abwahl, ins Bürgerliche Recht immerhin den Satz schreiben, dass „entwürdigende Erziehungsmaßnahmen, insbesondere körperliche und seelische Misshandlungen" unzulässig seien. Dass Schläge mit dem Wasserschlauch oder dem Rohrstock eine körperliche Misshandlung darstellen, war aber auch dann noch umstritten. Das umfassende Verbot von Gewalt in der Erziehung ist erst seit dem Jahr 2000 im Gesetz verankert.

Seitdem stellt sich die Frage: Was ist zu tun, wenn sich Eltern partout nicht daran halten? Was ist zu tun, wenn Eltern sich jedem Hinweis, jeder Beratung, jeder Anweisung durch das Jugendamt verweigern – unter Hinweis auf göttliches Recht, das die Züchtigung erlaube, ja sogar empfehle? Was ist zu tun, wenn Eltern die Prügel für eine würdevolle Behandlung des Kindes halten? Was ist zu tun, wenn sie ein Züchtigungsrecht für sich reklamieren, es gar für eine Züchtigungspflicht halten, und sich auch noch damit brüsten?

**Der Vater ist der Vater und die Mutter ist die Mutter –
nicht irgendjemand vom Jugendamt**

Wann darf, wann muss der Staat dann in eine Familie eingreifen, wann darf er den gewalttätigen Eltern ihre Kinder wegnehmen, sie in andere Obhut geben? Ist das dann nicht ebenfalls Gewalt – gegen die Eltern, aber auch gegen die Kinder?

Man redet oft vom „Vater Staat". Das ist ein gefährlicher Begriff, wenn damit gesagt werden soll, dass der Staat grundsätzlich besser weiß als die Eltern, was für die Kinder gut ist. Vater ist der Vater, Mutter ist die Mutter – und nicht irgendjemand vom Jugendamt. Deshalb darf der Staat nur in krassen Fällen so massiv in die Familie eingreifen, dass er die Kinder den Eltern entzieht und in andere Obhut gibt. Und er muss es, wenn dauerhafter Schaden anders nicht vom Kind abgewendet werden kann. Aber wann ist ein Fall krass?

Der Staat als pädagogischer V-Mann?

Der Staat darf kein Obererzieher sein, der sich als pädagogischer V-Mann ins Familienleben einmischt und auf diese Weise das Wort vom „Vater Staat" pervertiert. Die Nazis haben das einst gemacht, weil sie andere Gemeinschaften als die braune Volksgemeinschaft nicht dulden wollten. Das Grundgesetz hat auf diese Erfahrungen reagiert und das Elternrecht stark gemacht, zugleich aber darauf hingewiesen, dass aus diesem Recht eine Pflicht folgt. Das Bundesverfassungsgericht hat im Jahr 2010 dem Elterngrundrecht ein Kindergrundrecht zur Seite gestellt. Dieses Grundrecht „auf Pflege und Erziehung" wurde zwar bisher nicht ausdrücklich ins Grundgesetz geschrieben, aber es gilt. Und was gilt, wenn die Kinder, den Prügeln zum Trotz, in ihrer Familie bleiben wollen – weil die Kinderliebe stark ist, weil sie oft auch den Rohrstock aushält? Muss der Staat, müssen Jugendamt und Gericht das dann auch aushalten und dulden? Darf der Staat, wenn es um das Verbot geht, Kindern Gewalt anzutun, nachlässiger sein als bei der Eintreibung von Steuerschulden? Nein, er darf es nicht, weil sonst der Satz der Verfassung leerläuft, wonach „die staatliche Gemeinschaft" darüber wacht, wie es Kindern in der Familie ergeht. Aber der Staat muss wissen, dass es auch Gewalt ist, ein Kind aus einer schlechten Familie zu reißen. Das Kind liebt seine Eltern, egal wie sie sind. Es ist ein Dilemma, aus dem es nur Notausgänge gibt.

Ein fürsorglicher Staat kann und darf natürlich nicht von vornherein darauf aus sein, unfähigen, überforderten oder fundamentalistisch fehlgeleiteten Eltern die Kinder wegzunehmen. Er muss darauf aus sein, Kindern in solchen Familien frühzeitigst zu helfen – zum Beispiel durch Unterstützung der Eltern, mit Kinderkrippen oder einem engmaschigen Besuch der Familienhilfe in den Familien. Aber wenn das nicht funktioniert, wenn die Eltern sich systematisch verweigern? Wenn sie die Kinder auch nicht in die Schule schicken, wenn aus dem elterlichen Erziehungsrecht ein totales von Gewalt und Gehorsam geprägtes Regime wird? Dann hat der Staat keine Wahl mehr, dann ist das der traurige Fall, den das Grundgesetz so benennt: „Wenn die Erziehungsberechtigten versagen oder wenn die Kinder aus anderen Gründen zu verwahrlosen drohen", dann können sie aufgrund eines Gesetzes „von der Familie getrennt werden".

Demütigender Leistungsdruck

Das einschlägige Gesetz ist Paragraf 1666 des Bürgerlichen Gesetzbuches, der bei Gefährdung des Kindeswohls als massivste aller Maßnahmen „die teilweise oder vollständige Entziehung der elterlichen Sorge" vorsieht. Von „teilweise" bis „vollständig" – das beschreibt die große Bandbreite der staatlichen Reaktion. Oft werden die Kinder erst einmal kurzzeitig aus der Familie genommen, weil eine akute Gefahrensituation festgestellt wird; dann beginnt eine intensive Begleitung der Eltern, um sie in die Lage zu versetzen, das Kind zu erziehen. Jugendamt und Gericht können nicht einfach sagen „Die Eltern sind zu borniert, bei denen ist Hopfen und Malz verloren", wenn die nicht sogleich Einsicht zeigen und einlenken; Familienpfleger müssen versuchen, die Eltern zu erziehen, auf dass diese ihre Kinder erziehen können. Manchmal geht es schlicht darum, ihnen beizubringen, dass Kinder regelmäßig Essen brauchen.

Die Empörung über die Sekteneltern von den „Zwölf Stämmen" ist berechtigt und zugleich wohlfeil. Die Sektierer, die in altertümlicher Kleidung in ihrer aufklärungsfeindlichen kleinen Welt herumlaufen, die mit einer Mischung aus Rechthaberei und Sanftheit auftreten, sind einem noch viel fremder als drogen- und alkoholkranke Eltern, die sich ebenso wenig an staatliche Regeln halten wie die Fundamentalisten.

Eltern pflanzen ihre Ängste den Kindern ein

Wohlfeil ist die Empörung über die Sekteneltern deswegen, weil solche Empörung die Verunsicherung über die Erziehungsmethoden der Mehrheitsgesellschaft verdrängt. Die Empörung ist wohl auch deshalb so groß, weil die Empörten sich so in dem vermeintlich beruhigenden Gefühl wiegen können, dass die eigenen Erziehungsfehler dagegen Kleinigkeiten sind. Vielleicht sind diese obskuren Fundamentalisten auch ein kleiner Stachel im Fleisch der Konsum- und Leistungsgesellschaft. Jedes fünfte Kind dieser Gesellschaft leidet an Stresserscheinungen, an Schlafstörungen oder Kopfschmerzen. An Kindern werden die typischen Managerkrankheiten beobachtet, Eltern pflanzen ihre eigenen Ängste den Kindern ein und sind dann verstört über ihre verunsicherten und verängstigten Kinder. Ist dieser Leistungsdruck nicht auch demütigend und gewalttätig?

Der Text basiert auf Artikeln, die am 17.12.2007
und am 21. 1. 2014 erschienen sind.

Es wird zu viel über schlechte und zu wenig über gute Lehrer geredet. Ein guter Lehrer ist ein Künstler, weil Lehren eine Kunst ist.

Vom Glück, einen guten Lehrer zu haben

Auch die guten Lehrer sind nicht perfekt. Manchmal sind sie genervt, manchmal platzt ihnen der Kragen, manchmal sind sie frustriert, manchmal ungerecht. Sie sind nicht die Heiligen der Klassenzimmer und nicht die Helden des Alltags. Aber die guten Lehrer sind begeistert von dem, was sie tun. Sie unterrichten nicht einfach Biologie, Latein, Physik und Englisch; sie unterrichten junge Menschen in Biologie, Latein, Physik und Englisch. Das ist ein Unterschied. Sie tun es mit liebevoller, mit beseelter Leidenschaft.

Die Schule, ein Menschenfresser

Auch solche Leidenschaft macht Fehler, aber sie macht junge Menschen nicht kaputt. Es ist ein großes Glück für einen Schüler, einem Lehrer zu begegnen, der versucht, den Menschenfresser Schule so zu bändigen, dass er Lehrer und Schüler nicht frisst. So ein Lehrer nimmt die Angst vor der Schule; so ein Lehrer ist, auch wenn man ihn nur ein oder zwei Schuljahre lang hat, ein Gefährte fürs Leben. Es ist ein Glück, so einen Lehrer zu haben. Und es gibt dieses selbstverständliche

Glück an fast jeder Schule. Es wird zu viel über schlechte und zu wenig über gute Lehrer geredet.

Ein guter Pädagoge nimmt den Schülern die Angst vor der Schule

Es wird viel über schlechte Lehrer geschrieben. Die Literatur der vergangenen hundert Jahre ist eine Schulhorrorliteratur; die Klassenzimmer sind dort Schreckenskabinette, die Schule ein Ort von Bösartigkeiten, ein System der Demütigung. So ist es bei Heinrich und Thomas Mann, bei Torberg und Ebner-Eschenbach, bei Rilke und Hesse.

In den „Buddenbrooks" sind die Lehrer grausame oder lächerliche Vernichter der Kindheit. Die Lehrer in den Romanen sind entweder Geistesgestörte, Narren oder Sadisten. In Wedekinds „Frühlings Erwachen" heißen sie Sonnenstich, Affenschmalz, Knüppeldick, Knochenbruch und Hungergurt. Und das ist nicht unbedingt lustig gemeint. Selbst in Ludwig Thomas Lausbubengeschichten sind die Schulstreiche oft von bitterer Art. Das war lange vor Pisa, war also auch in Zeiten so, die als die großen des deutschen Bildungswesens gelten. Manchmal kann man den Eindruck haben, dass die Realität der Literatur nacheifert.

Es wird zu wenig über gute Lehrer geredet; und es wird den Lehrern viel zu wenig die Möglichkeit gegeben, gut zu sein. Lehrer brauchen einen Arbeitsplatz, der die Voraussetzungen dafür herstellt, gut sein zu können. Die finanzielle und personelle Ausstattung der Schulen entscheidet auch mit darüber, wie gut der Unterricht sein kann. Bei aller Leidenschaft und Selbstverleugnung kann ein Lehrer nicht gut sein, wenn er eine kastrierte Dreiviertelstunde lang vor 35 Kindern steht und statistisch mit jedem einzelnen eine Minute „kommunizieren" kann.

Lehrer brauchen nicht ständig neue Aufgaben, sondern mehr Freiheiten – für eigene Ideen und für guten Unterricht.

Sie brauchen Freiraum und Zeit für den einzelnen Schüler, für Projekte und Zusammenarbeit auch mit außerschulischen Einrichtungen; sie brauchen weniger Verwaltungsaufgaben. Ein guter Lehrer könnte ein noch besserer Lehrer sein, wenn er nicht bei jeder spontanen Initiative fragen müsste: „Ist das juristisch abgesichert?" Solange das so bleibt, muss ein Lehrer zuallererst eine robuste Natur haben: Ein guter Lehrer ist also einer, der in einem ziemlich kranken System gesund bleiben kann.

Lehren ist eine Kunst

Ein guter Lehrer ist einer, der die Not von Kindern sehen kann und nicht daran zerbricht, dass er diese Not oft nur mit aushalten, aber kaum lindern kann. Ein guter Lehrer führt seine Schüler an einer langen, aber straffen Leine: Freiheiten ja, Frechheiten nein. Ein guter Lehrer lernt mit und von seinen Schülern. Er weiß, dass Erziehung zu zehn Prozent aus Information und zu neunzig Prozent aus Vorleben besteht. Ein guter Lehrer ist den Kindern nah, aber er missbraucht die Nähe nicht.

Lernen braucht Vertrauen. Ein Schüler muss die Gewissheit haben, dass er sich mit seinen Lücken und Schwächen, dass er sich mit seinen Ängsten, mit seiner Neugier und seinen Fragen zeigen darf, dass sie ihm nicht um die Ohren geschlagen werden wie ein nasses Handtuch. Das ist schwierig in einem System, in dem der Lehrer viel bewerten, Klausuren korrigieren, Noten vergeben muss – also muss sich der zu Beurteilende so gut wie möglich präsentieren. Es gibt Forschungen, die sagen, dass man das unbedingt personell trennen muss: „Lerncoach" und „Beurteiler".

Ein guter Lehrer ist ein Künstler, weil Lehren eine Kunst ist. Es ist die Kunst, jungen Menschen eine Tür zur Welt zu öffnen, sie neugierig zu machen; es ist die Kunst, ihnen Selbstvertrauen und Orientierung zu geben. Und dann gilt der Satz, den der Seminarlehrer Ludwig Bauer (Co-Autor vom „Seydlitz-Bauer", dem Erdkunde-Buch) gesagt hat: „Ein schlechter Lehrer, dessen Schüler ihn nicht übertrifft." Gute Lehrer entfachen Begeisterung. Die Schüler dieser Lehrer erkennt man daran, dass sie etwas wissen wollen, dass sie urteilsfähig sind, Kritik üben und selbständig handeln.

Das alles geht nur, wenn der Lehrer die Schüler mag und respektiert. Und das wiederum setzt voraus, dass die Gesellschaft den Lehrern zeigt, dass sie auch sie mag. Wenn eine Gesellschaft mit den Lehrern schlecht umgeht, dann hat sie unverdientes Glück, wenn die Lehrer mit den Schülern gut umgehen.

Erschienen am 18. 12. 2010

OSTERN

Wenn ein Mensch auf der letzten Strecke des Lebens die Todesangst verliert und in Frieden mit sich und den anderen sterben darf: Das kann Auferstehung sein.

Leben auch im Sterben

J eder weiß, was eine Geburt ist. Was es mit der Auferstehung auf sich hat, weiß keiner so recht. Auferstehung ist ein geheimnisvolles religiöses Versprechen, das sich angeblich nach dem Tod realisieren soll; aber schon der Tod ist für jeden verhüllt und verborgen. Ostern, das Fest der Auferstehung, ist daher ein viel schwierigeres Fest als Weihnachten.

**Die Seele schwingt sich in die Höh',
der Leib bleibt auf dem Kanapee**

Der hingerichtete und begrabene Jesus steht drei Tage später wieder lebendig da, als Sieger über den Tod. Das ist Ostern; das sei, so sagt das Christentum, das Urmodell für die Auferstehung auch der normal Sterblichen. Auf den Gemälden der Renaissance sieht man daher, wie am Jüngsten Tag Skelette aus den Särgen steigen und sich mit Haut und Muskeln bekleiden. Diese „Auferstehung des Fleisches": Ist sie das ewige Leben? Oder ist es so, dass zwar der Körper stirbt, aber der Geist bleibt, so wie es das Volkslied singt: „Die Seele schwingt sich in die Höh', der Leib liegt auf dem Kanapee"?

Neben dem machtvoll-triumphalen liturgischen Ostergesang „Tod, wo ist dein Stachel? Hölle, wo ist dein Sieg?" klingt diese Volksweise ein wenig frivol. Aber ist nicht jeder Glaube an ein Weiterleben anstößig? Es verlangt einen ganz unbändigen, ganz unverschämten Glauben, an irgendeine Auferstehung zu glauben. Selbst viele Christen haben damit Probleme. Der selige Glaube daran, dass es ein ewiges Leben gibt, das mit dem Ende des irdischen Lebens beginnt, hat die Gewissheit verloren. Damit geht aber auch die tröstende Hoffnung verloren, dass es den Menschen, die im Diesseits elend dran sind, in einem Jenseits besser gehen wird: Nach dem Jammertal kein Paradies mehr.

Der Geburt folgt das Leben.
Dem Tod folgt – nichts?

Die ganze Lebensführung der Menschen hat sich einst am Weiterleben nach dem Tod orientiert. Der Katechismus-Unterricht hatte das zum Merkspruch gereimt: „Eins hab' ich mir vorgenommen, in den Himmel will ich kommen." Der Himmel und ewiges Leben: Das war ja schließlich ein gewaltiges, ein unermessliches Versprechen, das große Investitionen lohnte. Das ewige Leben barg auch die Hoffnung auf postmortale Gerechtigkeit angesichts dessen, dass es auf Erden den Guten oft schlecht und den Schlechten gut geht. Auferstehung: Das war die Erwartung, dass das Leiden doch Sinn hat – auch das Erleiden eines qualvollen Todes; denn dieses Leiden war ja zugleich der läuternde Eingang in die Ewigkeit.

Der Geburt folgt das Leben; dem Tod folgt – nichts? Die verlorene Hoffnung auf Auferstehung hinterlässt deshalb, so hat das Jürgen Habermas formuliert, „eine spürbare Leere". Der überirdische Trost ist verwelkt und mit ihm die Bereitschaft, das Unaushaltbare, also auch die Elendigkeit des Sterbens, auszuhalten. Das hat Konsequenzen. Wie füllt man die Leere? Man machte sich also daran, das letzte Quäntchen Leben aus dem Menschen herauszuquetschen, um dessen Lebensdauer, auch höchst profitbringend für die Gesundheitsindustrie, wenigstens ein wenig in Richtung Ewigkeit zu verlängern. Medizinische Kunst und ihre Apparate machen das Immer-und-Immerweiter möglich. Und so kam es dazu, dass Sterbende nicht mehr sterben durften.

Was Sterbehilfe mit Auferstehung zu tun hat

Diese Art von Behandlung in der letzten Lebensphase hat zu einem Aufruhr der Bürger geführt. Am Ende des Lebens lebensverlängernd traktiert zu werden, hilflos an Schläuchen und Pumpen zu hängen – diese Vorstellung mündete in Revolutionserklärungen.

Die eine Revolutionserklärung, mittlerweile gesetzlich anerkannt, heißt Patientenverfügung; sie versucht, für den Fall des Falles, lebensverlängernde Behandlungen zu unterbinden. Die andere Revolutionserklärung besteht im Ruf nach gesetzlicher Zulassung der aktiven Sterbehilfe. Es geht darum, ob sich ein Mensch auf den voraussehbaren Sterbeweg einlässt oder ob er ihn abkürzt; manchmal geht es um noch mehr, nämlich darum, dass ein Mensch sein Leben, das er als unwürdig betrachtet, beenden will – weil er seine Hilflosigkeit als einen beschämenden Zustand empfindet. Es geht vielen Menschen um das Gefühl der Kontrolle über ihre letzte Lebensphase, um eine neue Art der Sterbeversicherung, um die Möglichkeit letzter Notwehr, einer Notwehr gegen sich selbst, wenn der eigene Körper einem zum Feind wird.

Man möge den Menschen, die an einer brutalen Form von Krebs leiden oder Angst vor dem gewindelten Ende haben, nicht mit dem lieben Gott kommen, dem sie mit einem Suizid nicht ins Handwerk pfuschen dürften. Das religiöse Poesiealbum ist nicht hilfreich für den, der an Gott und das ewige Leben nicht glauben kann. Eine gute Hilfe für Leidende und Sterbende ist ärztliche und pflegende Hilfe, liebevolle Zuwendung; sie kommt oft von wunderbaren Seelsorgern, die den Sterbenden und ihren Familien, nicht selten auch den Ärzten, beistehen.

Wenn der Mensch lebenssatt ist

Der Sterbeprozess darf nicht zum Dahinvegetieren pervertiert werden. Davor bewahrt die Hilfe beim Sterben, in Ausnahmefällen auch die Hilfe zum Sterben. Hilfe heißt immer: Niemand darf zum Sterben gedrängt werden; es darf sich kein gesellschaftlicher und kein ökonomischer Druck zum „Frühableben" entwickeln; das wäre pervers und schauerlich. Es darf aber auch niemand zum Weiterleben gezwungen werden, der partout und in freier Entscheidung nicht mehr will. Es darf, es muss „ein liebevolles ärztliches Unterlassen" am Lebensende geben, wie das der Palliativmediziner Gian Domenico Borasio sehr schön formuliert.

Und so wie es am Lebensanfang Hebammen gibt, sollte es Hebammen auch am Lebensende geben. Nein, mit dem Sterbehelfer ist nicht der „Dr. Tod" gemeint, sondern derjenige, der weiß, wann künstliche Ernährung nicht mehr angezeigt, wann ein Mensch lebenssatt ist.

In Frieden mit sich und den Anderen

Sterbende Menschen brauchen so viel Fürsorge wie Säuglinge. Fast immer ist der Ruf nach aktiver Sterbehilfe, die Forderung an den Arzt also, ein tödliches Mittel zu geben, auch ein Ruf nach Kommunikation. Der Satz „Ich will nicht mehr leben" heißt übersetzt nicht selten „Ich will so nicht mehr leben". Der Todeswunsch ist meist ein Wunsch nach Veränderung des Lebens am Ende des Lebens, ein Ruf nach Kontakt und Zuwendung, ein Aufschrei gegen das Gefühl der Verlassenheit und Nutzlosigkeit.

Es gibt ja nicht nur den biologischen Tod, sondern auch den sozialen. Ein Mensch kann tot sein schon vor dem Tod: wenn kein Leben mehr in seinem Leben ist, wenn niemand mehr Zeit hat für ihn, wenn er abgeschoben ist. Auferstehung heißt dann Aufstand und Widerstand – gegen die Medizintechnik, gegen angebliche ökonomische Zwänge, gegen Bequemlichkeit, gegen zu enge Vorschriften. Wenn ein Mensch auf der letzten Strecke des Lebens die Todesangst verliert und in Frieden mit sich und den Anderen sterben darf: Das kann Auferstehung sein.

Erschienen am 19. 4. 2014

Papst Franziskus sagt Nein zu einer sozialen Ungleichheit, die Gewalt hervorbringt; und er sagt Nein zur Vergötterung des Geldes. Das ist die Auferstehung einer klaren kirchlichen Sprache und eines klaren kirchlichen Denkens.

Wenn
Kapitalismus
tötet

Im Vatikan sitzt nicht Fidel Castro. Es sitzt dort auch nicht ein wiedergeborener Karl Marx. Es betet dort kein Kommunist, sondern ein Katholik – ein Mann des Evangeliums. Er nimmt dieses Evangelium so ernst, dass es all denen blümerant wird, die es bisher als theologisches Spruchkästlein betrachtet haben. Franziskus proklamiert ein Konzept der solidarischen Ökonomie – auf der Basis des Evangeliums.

Papst Franziskus steht dabei in prophetischer Tradition, er spricht die fast vergessene, unverblümte Sprache der Propheten des Alten Testaments, er steht also in der Nachfolge von Amos, Jeremia, Jesaja.

Jeremia, Jesaja, Franziskus

Und das, was einst die Kirchenväter geschrieben haben, ist für ihn sehr viel mehr als ein belletristischer Kitzel oder eine Grundlage für akademische Übungen. Wenn Papst Franziskus den Kirchenlehrer Johannes Chrysostomos aus dem Altertum zitiert, dann ist das für ihn nicht Nostalgie, sondern Teil einer Jahrtausendweisheit und Grundlage seines Denkens: „Die eigenen Güter nicht mit den Armen zu teilen bedeutet, diese zu bestehlen und ihnen das Leben zu entziehen. Die Güter, die wir besitzen, gehören nicht uns, sondern ihnen." So zitiert es Franziskus in seinem Apostolischen Schreiben „Evangelii gaudium / Die Freude des Evangeliums".

Das verleitet internationale Finanzkapitalisten zum Schmunzeln; das lässt jene Ökonomen in Deutschland den Kopf schütteln, die die Sicherung unbegrenzter Vermögensakkumulation für den Inhalt der Eigentumsgarantie des Grundgesetzes halten. Franziskus hat das schon vorhergesehen. „Die Ethik wird", so schreibt er, „gewöhnlich mit einer gewissen spöttischen Verachtung betrachtet."

Der Papst leitet nicht die Weltbank, sondern die Weltkirche

Aber: Der Papst macht kein Gaudium, er meint es ernst. Franziskus – kein anderer Papst vor ihm hat sich so genannt, nach dem beliebtesten und radikalsten aller Heiligen. Er betrachtet die Welt nicht mit den Augen derer, die in Zürich, Düsseldorf oder New York groß geworden sind, Volks- und Betriebswirtschaft studiert haben und dann in einen Bankturm eingezogen sind, um von dort aus die Welt mit Finanzinstrumenten zu vermessen. Franziskus leitet nicht das Münchner Ifo-Institut und nicht die Weltbank, sondern die Weltkirche. Sein Apostolisches Lehrschreiben, das bei den Freunden des Kapitalismus so viel Kritik erfahren hat, ist auch nicht die Bewerbung für den Chefposten der US-Notenbank. Es ist die kirchliche Regierungserklärung eines Papstes, der aus eigener Anschauung weiß, was ein entfesselter Kapitalismus anrichtet, wie er Menschen und Länder in den Abgrund stürzt.

Die Regierungserklärung ist Mahnung an die Ben Bernankes dieser Welt, sich die Kosten des westlichen Wohlstands vor Augen zu halten und sich zu fragen, wie diese Kosten bisher verteilt werden – wer also die Kosten trägt für eine Weltwirtschaft, die auf Ausbeutung der Ressourcen der Dritten und Vierten Welt baut. Franziskus kennt die Opfer des Systems; er kennt sie aus seiner lateinamerikanischen Heimat; er hat ihre Särge auf Lampedusa gesehen.

Franziskus weiß von den Landarbeitergewerkschaften in Lateinamerika, Afrika und Asien, die seit Jahrzehnten für Landreformen kämpfen. Er weiß, was oft passiert, wenn sie damit endlich erfolgreich gewesen sind: Die Landlords zerstören die Pflanzungen, die die Bauern angelegt haben. Ohnmächtig stehen die Armen dann vor den Bulldozern der Reichen, die alles wieder plattwalzen. Franziskus weiß von den Priestern und Bischöfen, die diese Landreformen mit Predigt und Tat unterstützt haben und deswegen ermordet wurden. Franziskus kennt die Religion des radikalen Kapitalismus. Er weiß, was und wie sie plattwalzt – ob sie das nun lokal mit Bulldozern tut, oder, weniger plump aber effektiv und global, mit Hedgefonds und Leerpapieren. Er attackiert eine Wirtschaft der Rücksichtslosigkeit, die exzessiv Steuern vermeidet, die die Natur systematisch beschädigt, ohne dafür haften zu müssen, und die die Wertschöpfung höchst einseitig verteilt. Das ist für ihn nicht ein individuelles Versagen von Managern, sondern ein systemisches Versagen.

Nein zur Vergötterung des Geldes

Deswegen schreibt er auf Seite 51 seines Lehrschreibens: „Nein zu einer Wirtschaft der Ausschließung". Deshalb schreibt er auf Seite 53: „Nein zur neuen Vergötterung des Geldes". Deswegen schreibt er auf Seite 55: „Nein zu einem Geld, das regiert, statt zu dienen". Deshalb schreibt er auf Seite 59: „Nein zur sozialen Ungleichheit, die Gewalt hervorbringt".

Und deswegen steht im päpstlichen Manifest der Satz, der mitteleuropäische Ökonomen peinlich berührt: „Diese Wirtschaft tötet." Ja. Franziskus meint nicht die soziale Marktwirtschaft, er meint den radikalen Kapitalismus. Nicht nur Militär entfaltet Gewalt, auch politische Systeme; oft geht das Hand in Hand. Das ist im Kapitalismus so, wie es im Kommunismus gewesen ist. Der Kapitalismus ist nicht per se gut, und seine Schwächen sind nicht nur die menschlichen Schwächen seiner Manager, sondern strukturelle Schwächen.

Das ist die Botschaft des Papstes. Sie ist nicht neu, Franziskus denkt und schreibt das nur weniger wattiert, als es seine Vorgänger taten. Die Güter der Erde gehören allen Menschen – so hat es das 2. Vatikanische Konzil vor fünfzig Jahren formuliert; und das Privateigentum war für die Konzilsväter nur eines der Prinzipien für die Verteilung.

Weniger wattiert

Das Manifest von Papst Franziskus ist die Fortschreibung der Sozialenzyklika „Rerum novarum" des Arbeiterpapstes Leo XIII. aus dem Jahr 1891. Es ist die Verschärfung der Enzyklika „Quadragesimo anno" des Papstes Pius XI. aus dem Jahr 1931. Es ist die globalisierte und radikalisierte Fassung der Enzyklika „Populorum progressio" von Papst Paul VI. aus dem Jahr 1967; in letzterer Enzyklika steht: „Zum Unglück hat sich mit der Industrie ein System verbunden, das Profit als den eigentlichen Motor des gesellschaftlichen Fortschritts betrachtet, den Wettbewerb als das oberste Gesetz der Wirtschaft, Eigentum an den Produktionsmitteln als absolutes Recht, ohne Schranken, ohne entsprechende Verpflichtung der Gesellschaft gegenüber." Diese Enzyklika von 1967 hatte prophetische Kraft, weil sie die Globalisierung schon ahnte; und zugleich war sie von anrührender Hilflosigkeit, weil sie mit dem Appell endete: „Noch einmal sei feierlich daran erinnert, dass Wirtschaft im Dienst des Menschen steht." Diese Erinnerung war notwendig – und vergeblich.

Wer gehässig sein will, der mag sagen: Das war und ist das Lamento von Vertretern einer alten Religion gegen eine neue Religion, gegen eine neue, eine säkularisierte Heilslehre, die an neue höhere Mächte glaubt, die jetzt „freier Markt" heißen und „Gewinnmaximierung", und deren Anhänger sich Shareholder nennen. Papst Franziskus spricht denn auch von den „sakralisierten Herrschaftsmechanismen des herrschenden Wirtschaftssystems". Ein wenig erinnert er da an den Zorn Gottes, an die berühmte Szene, in der Jesus die Geldwechsler aus dem Tempel hinauswirft. „Tempelreinigung" nennen die Theologen das. Sie heißt nicht so, weil Jesus den Tempelboden geputzt hätte, sondern weil er falsche Einstellungen hinauswarf. Der Papst weiß recht gut, dass er damit in der eigenen Kirche anfangen muss. Deswegen ist das erste Kapitel seines Lehrschreibens überschrieben mit dem Satz: „Die missionarische Umgestaltung der Kirche".

Das Credo des vom Papst zu Recht kritisierten Wirtschaftssystems beginnt mit dem Satz „Ich glaube an die Kräfte des Marktes, die alles herrlich regieren" – und es endet mit dem Bekenntnis zum ewigen Wachstum. Der Papst, der den Radikal-Kapitalismus scharf kritisiert, ist zwar kein Ökonom, aber er hat, und das ist eine Kompetenz eigener Art, reiche Erfahrungen auf dem Gebiet des Totalitarismus: Aus der Geschichte seiner Kirche weiß er, wie menschenverachtend Religionen sein können, wenn es das System zu verteidigen gilt. Der Radikalkapitalismus, man mag ihn Vulgärliberalismus nennen, hat Züge einer primitiven Glaubenslehre, weil er die Welt mit dem simplen Rezept, der Entfesselung der Marktkräfte, kurieren will.

Zur Freiheit muss man befreit werden

Öfter als von „Freiheit" redet die Bibel von „Befreiung". Der Apostel Paulus sagt: Zur Freiheit hat Christus die Menschen befreit, darum sollen sie fest stehen und sich nicht wieder das

Joch der Knechtschaft auferlegen lassen. Freiheit hat man also nicht einfach, sie ist nicht einfach da – zur Freiheit muss man immer wieder befreit werden: Die Bibel kennt nicht die Freiheit an sich. Sie kreist um die gefährdete, um die nicht eingelöste Freiheit. Es geht immer wieder um die Befreiung aus konkretem Unrecht, und darum immer wieder um die Frage nach der Macht. Befreit werden nicht die sogenannten Eliten, auf dass sie zügellos sein können. Befreit werden die Elenden, die Machtlosen, die Gebundenen, auf dass sie aufatmen können. Das ist die Befreiungstheologie von Papst Franziskus. Das ist die „Evangelii gaudium", das ist die Freude des Evangeliums, die dieser franziskanische Papst verkündet.

Erschienen in der SZ am 7.12.2013

*Darf man sich über
den Koran lustig machen?
Und über die Bibel? Ist das
strafbar? Die Erlaubnis zu
spotten ist Ausdruck von
Geistesweite, Aufklärung
und Souveränität.*

Spott über Gott

Toleranz ist gut, Respekt noch besser

Der Kabarettist Dieter Nuhr ist angezeigt worden, weil er über eine Religion, nämlich über den Islam, gespottet hat. Darf er das nicht? Man erinnert sich an die weltweite Erregung, an die wütenden und gewalttätigen Proteste, die vor ein paar Jahren die Mohammed-Karikaturen ausgelöst haben. Natürlich darf der Kabarettist spotten; er darf spotten, selbst wenn er es plumper täte, als er es tut. Der Spott gehört zum Kabarett; der Spott gehört zur Aufklärung; der Spott – auch über eine Religion, über ihre Führer und Heiligen – ist Teil der Meinungsfreiheit, also ein Grundrecht.

Aufklärung verteidigen

Man muss die Aufklärung verteidigen gegen eine Religionsauslegung, welche die Ausübung von Grundrechten für Blasphemie hält. Gewiss: Kritik an der Religion und Spott gegen die Religion können religiöse Gefühle verletzen. Aber die bloße Verletzung von Gefühlen ist nicht strafbar. Und die Strafbarkeit der Gotteslästerei ist längst abgeschafft. Es ist Kennzeichen des modernen aufgeklärten Staates, dass er dem Drang von Religionen und Heilslehren entgegentritt, den öffentlichen Raum nach ihren Glaubensüberzeugungen zu gestalten und ihre Grundsätze über die Grundrechte zu stellen.

Zum modernen Staat gehört, dass Minderheiten geschützt werden. Der Islam ist in Europa eine starke religiöse Minderheit, er ist ein Teil Deutschlands; 150 Moscheen stehen in deutschen Städten, die Hinterhof-Moscheen nicht mitgezählt.

Verlangt der Minderheitenschutz danach, die kleinere Religion stärker zu schützen als die große? Ist der Prophet Mohammed empfindlicher als Jesus? Ist Allah schneller beleidigt als der Gott der Christen? Ist also der Islam strafrechtlich schutzbedürftiger als das Christentum?

Ist Mohammed empfindlicher als Jesus?

Die Fragen klingen ein wenig absurd, sind es aber nicht. Das Strafrecht hat, als es die sogenannte Blasphemie, die Gotteslästerung, im Jahr 1969 neu formulierte, einen Fehler gemacht. Es wollte die Strafbarkeit von Straftaten wider Gott und die Religion stark einschränken, es wollte nicht mehr die bloße Verletzung von religiösen Gefühlen bestrafen. Es hat daher die Strafbarkeit der „Beschimpfung von religiösen Bekenntnissen" daran geknüpft, dass diese Beschimpfung „geeignet ist, den öffentlichen Frieden zu stören". Die gut gemeinte Formulierung des Gesetzes führt aber zu einem schlechten Ergebnis: Sie führt dazu, dass es von der Militanz von Religionsanhängern abhängt, ob ein Spötter wider Gott und Religion sich strafbar macht oder nicht.

Der frühere Papst Benedikt hat dieses Strafrecht, als er noch Münchner Kardinal war, zutreffend als Aufforderung zum Faustrecht kritisiert. Seine Forderung, den alten Gottesläster-Paragrafen beizubehalten, war freilich genauso falsch; bestraft wurde damals jeder, der „dadurch, dass er in beschimpfender

Weise Gott lästert, Ärgernis gibt". Aber: Bloße Ärgernisse können und dürfen nicht strafbar sein, sonst würde man mit dem Strafen gar nicht mehr fertig. Im Übrigen: Ist es nicht ein noch viel größeres Ärgernis als der Spott wider Gott, wenn einer glaubt, seinen Gott mit einem deutschen Staatsanwalt schützen zu müssen?

Integration basiert auf dem Respekt voreinander

Jegliches Religionsstrafrecht muss abgeschafft werden. Jegliche Kritik, jeglicher Spott darf sein – Grenze ist die Volksverhetzung. Bestraft werden muss, wer zum Hass gegen bestimmte Teile der Bevölkerung aufstachelt. Das ist strafrechtlicher Minderheitenschutz.

Die christlich geprägte Gesellschaft hat lange mit Religionskritik gerungen, bis sie diese schließlich akzeptiert hat. Noch die Kunstgeschichte des 20. Jahrhunderts ist voll von einschlägigen Fällen. Sie reichen von George Grosz, der 1928 den Christus am Kreuz mit einer Gasmaske gezeichnet und darunter „Maul halten und weiter dienen" geschrieben hat, bis hin zu den Filmen von Monty Python, Achternbusch, Scorsese. Die Christen haben akzeptiert, dass es eine Auseinandersetzung mit ihrer Religion gibt, die vielen von ihnen nicht gefällt, die aber zu einem freiheitlichen Gemeinwesen gehört.

Zur Leitkultur gehört Respekt

Auch Spott über Gott gehört zu den Rechten der Nichtgläubigen. Und es gehört nicht zum Rechtsfrieden, diese Kritik und diesen Spott zu unterbinden. Der Rechtsfrieden verlangt, dies auszuhalten. Die friedliche Austragung solcher Konflikte ist Teil der demokratischen Leitkultur. Man nennt das Aufklärung. In multikulturellen Gesellschaften ist sie besonders wichtig.

Die Leitkultur fordert viel – sie fordert Toleranz. Vielleicht ist das Wort Respekt besser als das Wort Toleranz. Integration basiert auf dem Respekt voreinander. Dieser Respekt nimmt niemandem seine Religion, sein Kopftuch, seine Lebensgewohnheiten weg. Er setzt aber voraus, dass heilige Bücher nicht über oder gegen die Leitkultur gestellt werden. Auch der Koran steht nicht über dem Grundgesetz.

Erschienen am 27. 10. 2014

PFINGSTEN

Überwachung blockiert Kreativität. Wer Überwachung entlarvt, befreit den Geist.

Edward Snowdens Pfingstwunder

Bert Brecht, der ansonsten ein geistreicher Mensch war, konnte mit Pfingsten nicht viel anfangen. „Pfingsten", schrieb er, „sind die Geschenke am geringsten." Und dann reimte er weiter: „Während Ostern, Geburtstag und Weihnachten – was einbrachten." Unter materiellen Gesichtspunkten betrachtet haben die christlichen Feste, da hat Brecht schon recht, ein noch größeres Gefälle als der Irschenberg; unten ist Pfingsten. Am geistlich-geistigen Gehalt gemessen ist dieses Pfingsten freilich das anspruchsvollste aller Feste, weil seine Substanz schwer zu fassen ist: Es geht an Pfingsten um den Geist.

Das kreative Prinzip

Von diesem Geist weiß jeder, dass er „weht wo er will". Und von Gottes Geist ist bekannt, dass er über dem Wasser schwebt. So steht das gleich im zweiten Vers der Bibel, am Beginn des Schöpfungsmythos. Das biblische Wort für Geist (ruach, ein lautmalerisches feminines Substantiv) kann man auch mit Wind, Atem oder Hauch, mit Charisma oder Lebenskraft übersetzen. Es handelt sich – um das kreative Prinzip.

Der Geist ist etwas Dynamisches, etwas, das in ständiger Bewegung ist, das Energie hat und diese Energie weitergibt. Die Pfingstgeschichte handelt nun davon, dass die Anhänger des Christus, die sich nach dessen Tod voller Angst versteckt hatten, sich auf einmal aus ihren Löchern heraustrauten, an die Öffentlichkeit gingen und dort Unerhörtes frei heraus gesagt haben. Warum? Weil der Geist, die Kraft des Geistes, über sie gekommen war. Der Inhalt der Botschaft, die sie dann öffentlich kundtaten, gehört zu Glauben und Religion. Die Bewegkraft ihres Handelns und öffentlichen Auftretens aber ist der Beginn jeder Aufklärung: der Geist.

Outing am Pfingstmontag

Anfang Juni 2013, ist Edward Snowden mit seinen Erkenntnissen über die globale Überwachung von Zigmillionen Menschen durch die NSA an die Öffentlichkeit gegangen. Er könne, sagte Snowden damals, nicht damit weiterleben, sein Wissen für sich zu behalten, weil er in einer total überwachten Welt nicht leben könne und wolle. Sein Outing am Pfingstmontag war ein Akt pfingstlicher Freiheit, eine Art modernes Pfingstwunder – es hat nichts mit Religion zu tun, sehr wohl aber mit dem Geist der Freiheit, also mit dem Geist der Aufklärung.

Snowden hat eine globale Großinquisition aufgedeckt und musste fliehen vor dem Großinquisitor. Die Amerikaner verfolgen ihn, als handele es sich bei ihm um die Reinkarnation oder jedenfalls den Komplizen von Bin Laden. Snowden hat persönlich keinerlei Vorteile von seiner Tat, er hat nur Nachteile. Den Gewinn hat die Rechtsstaatlichkeit der westlichen Demokratien, genauer gesagt: Sie könnten ihn haben, wenn sie den globalen Skandal zum Anlass nähmen, ihren Geheimdiensten Grenzen zu setzen. Snowden ist also nicht nur Aufklärer, er ist auch Motivator. Seine Angaben über die weltweiten Überwachungsprogramme haben strafrechtliche Ermittlungen und parlamentarische Untersuchungsausschüsse in Gang gesetzt. Snowden hat daher Besseres verdient als ein wackeliges, zeitlich begrenztes Asyl in Russland.

Ungeist der Überwachung

Snowden hat sich etwas getraut. Er ist aus der Verborgenheit der geheimdienstlichen Welt herausgetreten – und angetreten gegen die antischöpferische, geistlose Überwachungslogik. Er hat sie beschrieben, er hat sie entlarvt, er hat sie angeprangert. Er hat die Funktionsweisen und die Mechanismen der geheimdienstlichen Observation aufgedeckt, er hat ihre Totalität und ihren Ungeist benannt. Es ist dies ein Ungeist deswegen, weil die Überwachung es verhindert, schöpferisch zu sein. Kreativität verlangt, dass man sich abweichendes Verhalten erlauben kann, dass man Fehler machen darf. Überwachung verhindert das. Wer überwacht wird, verhält sich konform. Das ist die eigentliche Gefahr der Massenüberwachung. Sie erzieht zur Konformität. Sie kultiviert vorauseilenden Gehorsam. Sie züchtet Selbstzensur.

Die Dynamik der Selbstzensur entwickelt sich unabhängig davon, ob wirklich konkret im Einzelfall überwacht wird. Es reicht die abstrakt-konkrete Möglichkeit, überwacht zu werden. Damit verschwindet nämlich die Gewissheit, dass man in Ruhe und in Frieden gelassen wird. Und damit verschwindet die Privatheit; und mit ihr verschwindet die Unbefangenheit. Der Verlust der Unbefangenheit ist eine Form der Gefangenschaft; sie ist ein Verlust der Freiheit. Die Überwachungsmacht veranlasst die Menschen, sich selbst in Gefangenschaft zu nehmen. Glenn Greenwald zitiert in seinem Buch über den Fall Snowden das Urteil von Louis Brandeis, Richter am Obersten US-Gerichtshof, aus dem Jahr 1928: „Das Recht, in Ruhe gelassen zu werden, ist das umfassendste aller Rechte und dasjenige, dem ein freies Volk den größten Wert beimisst." Weil Snowden dieses Recht verteidigt hat, hat ihn die US-Staatsmacht zur Ruhelosigkeit verdammt.

Kinder wurden früher von einer geistlosen und repressiven religiösen Pädagogik mit der Vorstellung traktiert, dass der „liebe Gott" alles sieht. Der Glaube an das allsehende Gottesauge und den allwissenden Gott sollte die kindliche Seele nicht beruhigen, sondern beunruhigen. Wohin die elterlichen Augen nicht reichten, dahin reichten Gottes Augen.

Gott schaut unter die Bettdecke

Er überwachte, ob man brav war; er erspähte jeden Fehler, jede Peinlichkeit. Er schaute sogar noch unter die Bettdecke. Dagegen half nur die Selbstbeschwichtigung, dass es selbst einem allmächtigen Gott irgendwann zu viel wird, sich ausgerechnet um Hansi, Peppi und Alexandra zu kümmern. Gerissene Eltern und gemeine Religionslehrer kamen deshalb auf die Idee, einem zu erzählen, dass die jüngst verstorbene Oma doch jetzt vom Himmel aus alles sehen könne; die interessiere sich ganz gewiss ganz besonders für ihre Enkel. Zum Glück wurde man allmählich schlau und erwachsen und durchschaute, dass die himmlische Totalüberwachung eine paternalistische Erfindung war. Im vergangenen Jahr haben die Menschen aber nun erfahren, dass eine solche Totalüberwachung eine sehr reale Aktivität der US-Geheimdienste war und ist.

„Du hast mich erforscht und du kennst mich. Ob ich sitze oder stehe, du weißt von mir. Von fern erkennst du meine Gedanken. Ob ich gehe oder ruhe, es ist dir bekannt; du bist vertraut mit all meinen Wegen. Noch liegt mir das Wort nicht auf der Zunge – du kennst es bereits. Du umschließt mich von allen Seiten und legst deine Hand auf mich." Das steht im Psalm 139. Gemeint ist damit hier, so schreibt es Luther in die Überschrift des Psalms, Gott der Allwissende und Allgegenwärtige. Es soll dies ein tröstlicher Psalm sein, der den Bedrängten, Verfolgten und Unterdrückten versichert, dass sie auch in Bedrängnis, Haft und Verbannung nicht von Gott verlassen sind. Psalm 139 ist das Gebet eines verzweifelten und ohnmächtigen, eines von Bedrängern verfolgten Menschen.

Wenn weltliche Macht in den Himmel steigt

Aus der Tröstlichkeit dieses Gebets wird aber ein Albtraum, wenn eine weltliche Macht „wie Gott" sein will und in den Himmel steigt – um die Fülle der sodann gewonnenen Erkenntnisse zu nutzen, sicherheitshalber Menschen in Bedrängnis, Haft und Verbannung zu bringen. Die Bibel spottet über die Versuche des Luzifer, sich gottgleich zu machen. Gemeint ist damals der König der Weltmacht von Babylon. Und die Bibel bejubelt sein Scheitern: „Wie bist Du vom Himmel gefallen, Du schöner Morgenstern...Du aber gedachtest: Ich will gleich sein dem Allerhöchsten." Luzifer, der gefallene Morgenstern, wurde dann in der christlichen Engellehre zum Teufel. Das US-Parlament hat jüngst beschlossen, den NSA-Stern nicht sinken zu lassen. Die US-Macht sieht sich als Lichtträger.

Die Massenüberwachungspolitik lebt vom Glauben daran, dass sie Sicherheit bringt. Je mehr Überwachung, desto mehr Information; also, angeblich, mehr Sicherheit. Aber der Gewinn an solchen Erkenntnissen führt zum Verlust des Sicherheitsgefühls, zu Angst und Verteidigungszwang. Aus dem Traum von Sicherheit wird ein Albtraum von Unsicherheit, aus Ängstlichkeit wird Angst, aus Angst Wahn. Auch das lernt man aus den Ur-Geschichten der Menschheit: Als Adam und Eva vom „Baum der Erkenntnis" essen, wozu die Schlange sie verführt, werden sie nicht, wie versprochen, göttlich – sondern ängstlich. Sie erkennen, dass sie nackt sind.

Das globale Abhören hat vielen Menschen die Augen geöffnet

Pfingsten ist das Fest des Geistes, „Heiliger Geist" heißt er in der Bibel – und gegen eine solch respektvolle Bezeichnung für die Kraft des Geistes kann auch ein ungläubiger Mensch nichts haben. Wenn der Geist kommt, so heißt es beim Apostel Johannes, wird er den Menschen die Augen öffnen – und sie werden sehen. Snowdens Botschaft über das globale Abhören hat vielen Menschen die Augen geöffnet; der deutsche Generalbundesanwalt war aber nicht darunter.

Überwachung ist eine subtile Form der Folter

Es ist eingetreten, wovor Horst Herold, er war Chef des Bundeskriminalamts zur Zeit der RAF, schon 1980 in einem prophetischen Aufsatz über „Polizeiliche Datenverarbeitung und Menschenrechte" gewarnt hat: „Möglichkeiten von Angriffen auf die Menschenwürde finden sich bereits in den Strukturen der Elektronik angelegt. Die moderne Informationstechnologie lädt geradezu dazu ein, die Grenzen ihrer Anwendung aufzuheben, nationale Grenzen zu überwinden und Wissen in immer größer werdenden Speichern zu sammeln.

Die Grenzenlosigkeit der Informationsverarbeitung wird es gestatten, das Individuum auf seinem gesamten Lebensweg zu begleiten, von ihm laufend Momentaufnahmen, Ganzbilder und Profile seiner Persönlichkeit zu liefern, Lebensformen und Lebensäußerungen zu registrieren, zu beobachten, zu überwachen und die so gewonnenen Daten ohne die Gnade des Vergessens ständig präsent zu halten. Die Gefahren des ,großen Bruders' sind nicht mehr bloß Literatur. Sie sind real." Das war 1980! Herold schrieb das also schon zu einer Zeit, als man das Internet noch gar nicht kannte.

2014 haben sich diese Gefahren konkretisiert und poten-
ziert. Aber wirksame normative Begrenzungen der Überwachung zur Sicherung der Menschenrechte gibt es noch immer
nicht. Es gibt keine Markierung der Grenzen, die der Einsatz
von Computertechnik nicht überschreiten darf. So spiegelt
die globale Überwachungstechnik ebenso wie einst die Folter
das Unvermögen und den Unwillen wider, auf rechtsstaatliche
Weise zur Wahrheitsfindung zu kommen. Überwachung ist
eine subtile Vorform der Folter. Sie zu ächten und den Schutz
der Privatheit als Weltbürgerrecht zu einem Teil des Völkerrechts zu machen: das ist eine pfingstliche Forderung.

Erschienen am 7. 6. 2014

Nicht der Mensch muss zukunftsfähig werden. Die Zukunft muss menschenfähig werden.

Wunderwort Zukunft

Von der Kraft des Visionären

Pfingsten ist ein Fest der Symbole, mit denen man sich heute schwertut – es sei denn, man deutet sie als heilige Fantasy. Da gibt es den Heiligen Geist, der von den alten Meistern als Taube gemalt wird; auf ihren Bildern sieht man Strahlen, die von dieser Geisttaube ausgehen und zu den Menschen führen, gerade so, als habe dieses Wesen ein göttliches Intranet installiert. Da gibt es auch Feuerzungen, die sich auf die biblischen Figuren herabsenken. Und da ist himmlisches Brausen in der Luft, das anzeigt, dass sich Besonderes tut: Fünfzig Tage nach Ostern, so die Apostelgeschichte, sind Leute aus aller Herren Länder zum jüdischen Wochenfest versammelt; inmitten des Sprachengewirrs fangen die bis dahin verängstigten Jesusanhänger auf einmal an zu predigen; und diese einfachen Leute, Handwerker und Fischer, reden so, dass alle sie in ihrer eigenen Sprache verstehen.

Das Fest der vollkommenen Kommunikation

Pfingsten ist also ein Fest der vollkommenen Kommunikation; einer Kommunikation, die ohne Hindernisse funktioniert: Jeder versteht jeden, obwohl jeder so redet, wie ihm der

Schnabel gewachsen ist. Viele Außenstehende spotten, diese Leute seien wohl betrunken vom Wein; sie sind es aber nicht. Es ist offenbar so, dass eine wunderbare Kraft in ihnen steckt, die ihnen die Angst nimmt, so dass sie sich nicht mehr vor ihren Problemen verkriechen. Sie verkünden, dass eine neue Zukunft angebrochen sei und trauen sich hinaus in die Welt. Das sei, so sagt nun die Bibel, die Kraft des Heiligen Geistes – Pfingsten.

Tippeln im Minenfeld

Pfingsten steht zwar nach wie vor im Kalender, aber von der ihm angeblich innewohnenden Kraft ist nichts zu spüren: Es gibt keine Spur von zuversichtlicher Aufbruchsstimmung. Im Wort Zukunft steckt kein Schwung mehr, auch wenn noch so viele Zukunftskongresse veranstaltet werden. Zukunft ist mehr Drohwort denn Frohwort. Zukunft hat den Klang einer Katastrophe, die auf die Menschheit zukommt. Die Katastrophen sind allpräsent: Die Umwelt- und die Klimakatastrophe, die Flüchtlingskatastrophe, die Katastrophe auf dem Finanzmarkt, die Bildungskatastrophe; die demographische Katastrophe. Zwischen den mörderischen Taten der Radikalislamisten, dem rasenden Stillstand des Turbokapitalismus und dem auf- und abschwellenden Ebola-Alarm leben Politik und Gesellschaft wie gelähmt dahin. Die Politik besteht darin, sich mit den Katastrophen zu beschäftigen, sie in Konferenzen zu beleuchten und in Abschlussdokumenten zu versichern, dass man sie bekämpfen und abwenden wird. Kleinschrittige Politik ist hier keine Politik der kleinen Schritte, sondern das Tippeln im Minenfeld der deklarierten Katastrophen.

Die Beschwörung der Katastrophe und die Beschäftigung mit ihr treibt der Gesellschaft die Hoffnung aus, dass Politik etwas grundsätzlich verbessern könne. Man glaubt nicht mehr an den geradlinigen Fortschritt, aber auch nicht an die große

Umkehr, nicht an eine offene Zukunft; denn man hört zu oft, die Art der Krisenbewältigung sei „alternativlos"; die Zukunft scheint verstellt und beherrscht von den Katastrophen. „Globalisierung" wird zu einem Wort, das die angebliche Ausweglosigkeit beschreibt. Es gibt, zur Aufklärung und Abwendung des islamistischen Terrorismus, angeblich keine Alternative zur Vergötterung der inneren Sicherheit. Es gibt angeblich keine Alternativen zur Abriegelung Europas, keine Alternativen zum Schutz vor Flüchtlingen, notfalls mit militärischen Mitteln. Es gibt angeblich auch keine Alternativen zu den totalen Abhörpraktiken der NSA, weil die Alternativen angeblich die Freundschaft zu Amerika und die Terrorismusbekämpfung in Frage stellen. Es gibt keine Alternative zur Euro-, Griechenland- und Austeritätspolitik, weil die gegenwärtige Euro-, Griechenland- und Austeritätspoliltik schon so erprobt und bewährt sei. Kein Umdenken. Keine Experimente. Und weiter mit Freihandelsabkommen, die die Entwicklungsländer überrollen. Walter Benjamin hat gesagt: „Daß es ‚so weiter' geht, ist die Katastrophe. Sie ist nicht das jeweils Bevorstehende, sondern das jeweils Gegebene."

Bloße Katastrophenverhinderungspolitik ist antischöpferische Politik. Das Irre ist, dass sie verleitet, notwendige Entscheidungen aufzuschieben bei gleichzeitigem Aktivismus – und so zu tun, als käme irgendeine Zukunft auf die Gesellschaft zu, in der sich alles irgendwie bessern wird. Bloße Katastrophenverhinderungsgesellschaften sind statische Gesellschaften.

Die Zukunft ist nicht verstellt von Katastrophen

Pfingsten sagt: Die Zukunft ist offen, sie ist nicht verstellt von Katastrophen, auch wenn es so aussieht. In der allerersten Pfingstpredigt, der Rede des Apostels Petrus, kommt das zum Ausdruck. Er erklärt darin den verwirrten Zuhörern die seltsamen Dinge, die da gerade vor ihren Augen geschehen. Er behauptet, dass Gott seinen Geist ausgießt auf die Menschen und was dann mit ihnen passiert: „Eure Söhne und Eure Töchter werden Propheten sein. Eure jungen Männer werden Visionen haben; und Eure Alten werden Träume träumen". Es geht hier um die Kraft des Visionären.

Dass aus dem herrlichen Wort „Zukunft" so etwas Abscheuliches wie „Zukunftsfähigkeit" gemacht wird, ist zum Heulen. Das Wort „zukunftsfähig" ist ein verlogenes Wort, weil es so tut, als gäbe es eine feststehende Zukunft, für die man sich fähig machen müsse. Es gibt aber keine Zukunft, von der man sagen könnte, dass es sie einfach gibt. Es gibt nur eine, die sich jeden Augenblick formt – je nachdem, welchen Weg ein Mensch, welchen eine Gesellschaft wählt, welche Entscheidungen die Menschen treffen, welche Richtung die Gesellschaft einschlägt.

Die Frage ist, welche Zukunft man leben will

Zukunft gibt es nicht festgefügt, sie entsteht in jedem Moment der Gegenwart, ist darum in jedem Moment veränderbar. Die Zukunft ist nicht geformt, sie wird geformt.

Die Frage ist also nicht, welche Zukunft man hat oder erduldet, die Frage ist, welche Zukunft man haben will und wie man darauf hinlebt und hinarbeitet. Die Frage ist nicht, was auf die Gesellschaft zukommt, sondern wohin sie gehen will. Zukunftsfähigkeit muss daher neu definiert werden, nämlich so: Wie wird die Zukunft fähig für die Gesellschaft? Wie wird sie fähig für ein Leben, das mehr ist als ein Überleben? Zukunft sollte so sein, dass Menschen heil und zufrieden leben können.

Erschienen am 23./24./25. 5. 2015

Oft braucht es den kleinen, manchmal auch den großen Mut. Es ist dies eine pfingstliche Erkenntnis: Widerstand muss beständig geleistet werden, auf dass der große Widerstand nie mehr notwendig wird.

Vom Widerstand in der Demokratie

Noch am Abend des 20. Juli 1944 wurden Claus Schenk Graf von Stauffenberg und seine Mitverschwörer Friedrich Olbricht, Albrecht Ritter Merz von Quirnheim und Werner von Haeften im Hof des Bendlerblocks in Berlin erschossen. Viele der anderen Widerstandskämpfer gegen Hitler hat dann Roland Freisler, der tobende Präsident des „Volksgerichtshofs", in Schau- und Schreiprozessen zum Tode verurteilt.

Kühne Widerspenstigkeit

Diese Widerstandskämpfer waren überwiegend keine Demokraten; nicht wenige von ihnen hatten zuvor dem NS-Regime gedient, waren selbst in unterschiedlichem Maß schuldig geworden. Sie hatten aber, mit sich ringend, den Weg zum Widerstand gefunden – und boten nun dem Totalitätsanspruch des NS-Staates mit kühner Widerspenstigkeit die Stirn. Vor dem Unrechtsrichter Freisler stand ein anderes, ein besseres Deutschland. Mit bemerkenswerter Unerschrockenheit traten sie dem Henker entgegen. Das ist jetzt siebzig Jahre her.

Eine Lehre aus verbrecherischer Zeit

Ihre zweihundert Namen müssten eigentlich als Überschrift und Präambel über dem Grundgesetzartikel 20 Absatz 4 stehen; und neben ihren meist aristokratisch-konservativen Namen müssten die Namen der linken Widerständler stehen, von denen so viele in den Konzentrationslagern elendig umkamen. Dazu die Namen der Mitglieder der Weißen Rose und der von Georg Elser, der schon 1939 im Münchner Bürgerbräukeller eine Bombe gegen Hitler zündete. Dieser Artikel 20 Absatz 4 ist ihr Artikel: „Gegen jeden, der es unternimmt, diese Ordnung zu beseitigen, haben alle Deutschen das Recht zum Widerstand, wenn andere Abhilfe nicht möglich ist." Dieser Satz des Grundgesetzes ist eine Lehre aus verbrecherischer Zeit, er ist Mahnung, er ist Appell – und er ist auch Aufforderung, nicht so lange zu warten, bis „andere Abhilfe nicht mehr möglich ist", also nicht erst dann aufzustehen, wenn es zu spät ist. Der Widerstands-Artikel appelliert an die Courage der Demokraten, es nicht so weit kommen zu lassen, dass man den großen Widerstand braucht. Dieser Artikel ist auch eine Werbung für den kleinen, für den gewaltlosen Widerstand.

Das Vermächtnis des 20. Juli 1944

Man sollte die Widerständler vom 20. Juli nicht zu Märtyrern der bundesdeutschen Demokratie machen, die sie nicht sind; und nicht für Werte in Anspruch nehmen, die sie zu ihren Lebzeiten nicht unbedingt geteilt haben. Man darf sie als Vorläufer der neuen Ordnung sehen. Wenn man den Artikel 20 Absatz 4 das Vermächtnis des 20. Juli und des gesamten Widerstands gegen Hitler nennt, dann erinnert man damit an die große Schwäche des Bürgertums im Nazi-Reich: Es gab keinen Widerstand aus der politischen Mitte. Deshalb beschreibt der Widerstandsartikel des Grundgesetzes die

Ultima-Ratio-Verteidigung für die Demokratie, den Sozial-
staat und die Bindung an Recht und Gesetz.

Viele Staatsrechtler halten den Widerstands-Artikel für pa-
thetisches Larifari, für ein verfassungsrechtliches Alien: Wenn
der Widerstand erfolgreich sei, so sagen diese Staatsrechtler,
dann brauche man doch hinterher keine große Rechtfertigung
durch ein ausdrückliches Recht; und wenn der Widerstand
scheitere, dann helfe so ein Recht auch nichts mehr. Eine solche
Bewertung ist falsch; sie ist Frucht akademischer Überheblichkeit; sie verkennt die Kraft des Symbols. Gewiss: Dieser Widerstandsartikel stand nicht von Anfang an im Grundgesetz;
er kam erst zwanzig Jahre später, 1969, hinein – als Kompro-
missformel angeblich, um der SPD die Zustimmung zu den
Notstandsgesetzen zu erleichtern. Wenn es wirklich so war,
dann war dieser Artikel das Beste, was die Notstandsgesetze
gebracht haben. In ihm stecken die Forderung und die Erkenntnis, dass in der Demokratie der kleine Widerstand beständig
geleistet werden muss, auf dass der große Widerstand nie mehr
notwendig wird.

Die Kraft des langen Atems

Widerstand in der Demokratie heißt anders: Er heißt Wider-
spruch, Zivilcourage, er heißt aufrechter Gang, er heißt Edward Snowden oder Kirchenasyl oder Stuttgart 21; er heißt
Cap Anamur, Amnesty, Greenpeace, Pro Asyl und Occupy. Er
besteht in der Demaskierung von Übelständen. Dieser kleine Widerstand hat die Namen all derer, die nicht wegschauen,
wenn sie meinen, dass in Staat und Gesellschaft etwas ganz
falsch läuft. Er hat die Namen all derer, die wachrütteln, Unrecht aufdecken, Missstände benennen und dafür persönlich
geradestehen. Und er hat die Namen all derer, die gegen Unrecht nicht nur im Eigeninteresse ankämpfen und dabei Nie-
derlagen vor Gericht erleiden, die den langen Instanzenzug

durchwandern und dann mit ihrem Anprangern verfassungs-
widriger Zustände vor dem Verfassungsgericht in Karlsruhe
Erfolg haben.

Auf diese Erfolgskraft hoffen und bauen auch die Menschen,
die sich gegen den Machtwechsel von den Staaten hin zu den
Konzernen wehren – in den Protesten gegen das Freihandelsabkommen TTIP und gegen TISA, das geplante Abkommen
zum Handel mit Dienstleistungen. Sie warnen davor, dass den
Staaten und der Demokratie die Macht aus den Händen rinnt
und sich in der Wirtschaft zusammenballt.

Der kleine Widerstand

Der kleine Widerstand kostet nicht Kopf und Kragen wie der
Widerstand in der Diktatur; aber ganz billig ist er auch nicht,
wie vor allem Whistleblower wissen – das gilt nicht nur für
Leute wie Snowden und Chelsea Manning. So ganz klein ist
nämlich dieser kleine Widerstand nicht immer. Man muss es
aushalten, als Nestbeschmutzer oder Vaterlandsverräter zu
gelten. Manchmal kostet der kleine Widerstand die berufliche
Existenz. Manchmal ist er strafbar, manchmal führt er gar
ins Gefängnis. Man nennt ihn dann zivilen Ungehorsam.

Aber bisweilen hat dieser strafbare zivile Ungehorsam sogar die Kraft, seine Bestrafung zu beenden. So war es einst
beim Widerstand gegen die atomare Nachrüstung in Deutschland: Ein Jahrzehnt lang wurden die Friedensdemonstranten
als Gewalttäter bestraft, weil sie sich vor die Depots gesetzt
hatten, in denen die mit atomaren Sprengköpfen bestückten
US-Pershing-Raketen lagerten.

Dann beschlossen die Richter des Bundesverfassungsgerichts 1995, dass solche Sitzblockaden nicht automatisch als
Nötigung bestraft werden dürfen; viele Friedensdemonstranten mussten von den Gerichten rehabilitiert und freige-
sprochen werden. Der Staat hatte geirrt, als er verurteilte.

Die Demonstranten hatten den Irrtum ertragen, erduldet und im Gefängnis abgesessen. In diesem Erdulden lag die Kraft zur Veränderung. Es ist die Kraft des langen Atems.

Erschienen am 19. 7. 2014

GOTT UND DIE WELT

Die Radikalmuslime halbieren die Moderne: Sie lehnen deren Kultur ab, nutzen aber deren Technik meisterlich, zumal das Internet.

Allahs irregeleitete Söhne und Töchter

E s gibt ein paar Tausend junge Leute in Deutschland (viele Männer, einige Frauen), die die radikale Religion des Salafismus zumal in der gewaltgeneigten Spielart für unwiderstehlich halten; den Eintritt dort feiern sie als großes soziales Ereignis; sie treten dann der übrigen Welt, die sie als verdorben verachten, mit moralischer Überlegenheit und Aggression gegenüber. Kennzeichnend für Salafisten sind drei „A": Ablehnung von Parteien und Parlamenten, Abwertung anderer Lebensformen, Anspruch auf absolute Wahrheit; so erläutert es griffig ufuq.de, zu Deutsch „Horizonte", ein Verein von Islamwissenschaftlern.

Die Halbierung der Moderne

Die Radikalmuslime halbieren die Moderne: Sie lehnen deren Kultur ab, nutzen aber deren Technik meisterlich, zumal das Internet; sie machen es zum Zentrum von Predigt und Propaganda. Den „Televangelismus" haben christlich-evangelikale Gruppen erfunden, die Islamisten haben ihn radikalisiert und perfektioniert – bis hin zum Terrorvideo. Der salafistische Mainstream lehnt zwar Terrorismus ab; ein Teil vor allem der jungen deutschen Salafisten geht aber auf dem Radikalisierungspfad begeistert weiter, angefeuert von Predigern eines pervertierten Dschihad, der eigentlich der „Weg Gottes" sein soll, den diese Prediger aber als Karawane des Terrors inszenieren. Der Übergang vom Missionierungsnetzwerk zum Gewaltaktivismus ist fließend. Zwischen Salafismus und Dschihadismus gibt es „gefährliche Nähe" (so der Titel eines Werkes, das die Politologen Klaus Hummel und Michail Logvinov herausgeben haben).

Der Weg Gottes wird zur Karawane des Todes

Cyber-Propaganda verbindet die lokale und regionale Szene mit den Akteuren des weltweiten Dschihad und macht die radikalen Salafisten in deutschen Städten zum Teil einer globalen Bewegung, die nicht nur von wahhabitischen Herrschern in den Ölstaaten finanziert, sondern auch von den brutalen Fehlern der westlichen Terrorbekämpfung gefüttert wird: Da waren der als Kreuzzug bezeichnete Irakkrieg und Abu Ghraib, da sind die vielen als „Kollateralschäden" bei US-Drohnenangriffen in Afghanistan, Pakistan, Jemen und Somalia getöteten Zivilisten, darunter viele Kinder. So entsteht globale Wut, so entsteht der Mythos vom verfolgten Islam. Dieser Islam, über den die Aktivisten der Gewalt oft gar nicht so viel wissen, wird zum Vehikel und zur Legitimation für violentes Verhalten. Der Dschihad ist dann nur einen Mausklick weit weg.

Es gibt ein paar Hundert junge Leute hierzulande, Schülerinnen und Schüler darunter, die ziehen frisch radikalisiert in den Irak und nach Syrien in den Krieg. Sie sind Deutsche, kommen aus allen Schichten; es handelt sich um Neu- und Wiederbekehrte, nicht unbedingt nur um Bildungsverlierer und Desintegrierte. Unter den Dschihad-Legionären finden sich deutsche Konvertiten und ordentlich aufgewachsene deutsche Muslime. Es handelt sich nicht nur um Kinder von Einwanderern; auch Kinder aus eingesessenen Familien sind darunter, oft noch in der Pubertät, nicht wenige mit bikulturellen Eltern. Die islamistische Radikalisierung ist dann auch ein Mittel, sich maximal von den für lasch und traditionsvergessen erklärten Eltern abzugrenzen. Erst kokettieren diese Jugendlichen mit der Gewalt, dann werden sie selbst gewalttätig; die religiös verbrämte Gewalt ist ihr Mittel, mangelnde Anerkennung zu kompensieren. Sie töten, werden getötet oder kehren aus dem Terrorkrieg zurück und sind dann eine unberechenbare Gefahr. Was tun?

Einfach abwarten? Kriminologen raten bei der Reaktion auf Jugendkriminalität generell zur Zurückhaltung, sie sei ein Altersphänomen. Gern wird da ein Satz des weltweisen William Shakespeare zitiert, der einen alten Schäfer sagen lässt, dass es am besten gar kein Alter zwischen 10 und 23 geben sollte: Dazwischen sei nichts, als den Dirnen Kinder schaffen, als Alte ärgern, als stehlen und balgen. Aber eine so individualistische Sicht auf den jungen gewalttätigen Islamismus wäre Selbstbetrug. Er ist kein Altersübergangs-, sondern ein Dauerproblem. Auf seine Verflüchtigung kann man nicht hoffen, man muss mit Verfestigung rechnen – dafür sprechen die Einbettung in die Religion und die islamistischen Strukturen. Also nicht abwarten. Was dann?

Aus den Augen, in den Krieg

Man kann phantasieren, dass es gut wäre, wenn man die Webseiten der islamistischen Terroristen zerstören könnte, um deren Agitationsbasis zu eliminieren. Das ist Phantasterei. Man kann vorschlagen, radikale Salafisten zu einem psychiatrischen Problem zu machen, sie also für gemeingefährlich-krank erklären – und eine Anstalt für sie errichten, um sie alle wegzusperren. Das wäre ein Verbrechen, um Verbrechen zu verhindern. Als besondere Hilflosigkeit erscheint es,

deutschen Islamisten den Entzug der Staatsbürgerschaft an-
zudrohen. Abgesehen von der Verfassungswidrigkeit wäre
das eine Art von radikaler Ausstoßung; das passt in eine fun-
damentalistische Religion, aber nicht in ein rechtsstaatliches
System.

Man kann, damit kommt man in den Bereich des Gewohn-
ten, das Strafrecht verschärfen. Das wurde stets getan, wenn
irgendwas getan werden sollte. Aber Ursachen bekämpft man
damit nicht und die „radikalen Milieus" (ein Forschungsobjekt
der Soziologen Stefan Malthaner und Peter Waldmann) werden
von noch einem Paragrafen mehr nicht geschwächt. Im Übrigen: Das Anti-Terror-Strafrecht, aufgebaut in RAF-Zeiten und
seit 9/11 forciert, ist so engmaschig, dass man mit der Lupe
suchen muss, was noch bestraft werden könnte. Es gibt aber
Vollzugsdefizite; Gewaltaufrufe müssen besser observiert und
bestraft werden. Und die Innenminister mögen sich bitte klar
werden, ob sie die Aus- oder die Wiedereinreise von Dschihadisten verhindern wollen; sinnvollerweise die Ausreise, weil
„Aus den Augen, in den Krieg" keine Lösung ist.

Der Islam ist nicht das Problem, sondern Teil der Lösung

Was also tun? Man braucht Präventionsnetze, bestehend aus
Lehrern, Eltern, Sozialarbeitern, Moscheegemeinden und auf-
geklärten, staatlich kontrollierten Islamunterricht an Schulen.
Man braucht den Islam als Partner, um gegen islamistische
Verirrungen einzuschreiten.

Die De-Radikalisierung der Islamisten schafft man nur zusammen mit den Muslimen in Deutschland. Man muss muslimische Autoritäten für die Auseinandersetzung mit deutschen
Dschihadisten gewinnen. Es wäre also fatal, wenn der Islam
von der deutschen Mehrheitsgesellschaft im Ganzen als gefährliche Religion erfasst und homogenisiert würde; Tenden-
zen dazu gibt es. Es wäre fatal, wenn der törichte Streit, ob

Deutschland Einwanderungsland ist, vom Streit darüber, ob der Islam zu Deutschland gehört, fortgeführt würde. Die Mehrheitsgesellschaft würde dann Opfer ihrer eigenen Obsession. Vier Millionen Muslime leben in Deutschland. Der Islam ist nicht das Problem. Er gehört zum Alltag. Er ist Teil der Lösung.

Erschienen am 11. 10. 2014

Wie eine Einwanderungs-
gesellschaft trotz des Terrors
Halt gewinnen kann.
Eine Antwort auf Islamisten
und Islamhasser.

Das Herz Europas

E s gibt Tage, an denen spürt man das Schwanken der Welt. Der 11. September 2001, der Tag der Al-Kaida-Attentate von New York und Washington, war so ein Tag. Der 7. Januar 2015, der Tag des Anschlags auf die Satirezeitschrift *Charlie Hebdo* von Paris, ist auch so einer. Man sucht Halt. Man sucht ihn im gemeinsamen Bekenntnis: „Je suis Charlie". Das ist ein guter, ein leiser Satz. Man sucht den Halt in solchen Formeln der Anteilnahme, die dann nicht nur Formeln sind, sondern Sätze der Selbstvergewisserung. „Je suis Charlie": Das ist ein kleiner, aber kein kleinlauter Satz. Das ist ein Satz, in dem sich Trauer und Bekenntnis verbinden: die Trauer über die Opfer eines barbarischen Verbrechens und das Bekenntnis zu den Werten und den Rechten einer freiheitlichen Gesellschaft.

„Je suis Charlie"

Es ist das Bekenntnis zu einer Gesellschaft, in der Religionsfreiheit und Meinungs- und Pressefreiheit gleichermaßen ihren Rang haben; zu einer Gesellschaft, in der keines der Freiheitsrechte dem anderen automatisch vorgeht, weil all diese

Rechte ihre Wurzeln in der Menschenwürde haben; es ist das Bekenntnis zu einer Gesellschaft, in der es Konflikte zwischen den Menschen und ihren Grundrechten geben darf – die aber von Gerichten geklärt werden, nicht von Kalaschnikows.

Je suis Charlie: Dieser Satz ist nicht nur eine Betroffenheitserklärung; dann wäre er zu billig. Es reicht nicht, mit einem Plakat bei einer Demonstration mitzulaufen, obwohl auch das nicht nichts ist. Der Satz ruft auch einen Anspruch auf, nämlich genauso beharrlich wie die Zeichner für Demokratie und Aufklärung zu arbeiten. Welchen Rückhalt brauchen mutige Redaktionen und einzelne Journalisten jetzt, um sich keine Verbotsschere in den Kopf zu setzen?

Die Werte der Aufklärung

Je suis Charlie: Es ist dieser Satz, neben dem sich die Rechthabereien von politischen Agitatoren ausnehmen wie eine Störung der Totenruhe, wie ein Missbrauch des Andenkens der Ermordeten. Von den Kloaken des Internets, in denen das Attentat ein neuer Anlass war, den Koran zu benutzen wie Klopapier, muss man nicht erst reden. Aber ein Mann mit einer ernst zu nehmenden Vita wie der AfD-Politiker Alexander Gauland hat kundgetan, das Attentat gebe nun der Pegida-Bewegung recht mit ihren Warnungen vor einer „Islamisierung des Abendlandes" und ihren Forderungen nach einer restriktiven Einwanderungspolitik. Und die Pegida-Bewegung hat verkündet, dass das Attentat zeige, in welche „Verhältnisse" man mit Muslimen komme; mit ihnen seien keine Demokratie und kein Rechtsstaat zu machen.

Es ist die völlige Respektlosigkeit, mit der diese Leute auftreten, die einen hoffen lässt, dass deutsche Wahlforscher recht haben mit der Prognose, Rechts-Parteien würden keinen Profit und keine Prozente aus dem Attentat schlagen können. Frech ist es gleichwohl, dass die Leute von Pegida, die sonst gegen die „Lügenpresse" hetzen, den Anschlag auf ein Organ dieser vermeintlichen Kategorie nutzen, um sich in ihrer Hetze bestätigt zu finden. Sie nutzen das Attentat auf ein Organ der Aufklärung, um die Werte der Aufklärung zu verachten. Sie antworten auf den Hass der gewalttätigen islamistischen Fundamentalisten mit Hass gegen die Muslime.

Die CSU will, sagt sie, anders als die AfD, das Verbrechen von Paris nicht für politische Zwecke instrumentalisieren – und tut es doch: Der Anschlag ist für sie Anlass, die Vorratsdatenspeicherung, die das Bundesverfassungsgericht vor vier Jahren verwarf, als „dringender denn je" zu bezeichnen, weil man ohne diese Datenspeicherungen Attentate wie das in Paris nicht verhindern könne. In Frankreich gibt es die Vorratsdatenspeicherung; verhindert hat sie gar nichts. Neue Befugnisse für die Sicherheitsbehörden und eine Verschärfung des Strafgesetzbuchs fordert die CSU auch. Mit solch ewigem Mehr und Nochmehr landet man letztlich bei Forderungen nach extralegalen Maßnahmen und der Todesstrafe, wie sie in Frankreich schon laut werden. Das höchste deutsche Gericht hat darauf im Jahr 2006 die richtige Antwort gegeben: „Daran, dass er auch den Umgang mit seinen Gegnern den allgemein geltenden Grundsätzen unterwirft, zeigt sich gerade die Kraft des Rechtsstaats." Anders gesagt: Ein Staat, der im Irrglauben, auf diese Weise den Rechtsstaat zu verteidigen, sein Recht verkürzt und veruntreut, ist nicht stark, sondern schwach.

Deutschland ist ein multireligiöses Land geworden

Je suis Charlie: Das ist ein kleiner großer Satz. Das französische Magazin war nicht der Hort der absoluten Wahrheit. Kein Blatt, keine Institution und auch keine Religion ist Hort der absoluten Wahrheit. Wer sie behauptet und anderen überstülpen will, zerstört die Grundlagen des Zusammenlebens. *Charlie Hebdo* hat dagegen angekämpft, dass sich Religionen auf Gott und Allah berufen, um sich von Grund- und Menschenrechten zu dispensieren. *Charlies* Zeichner haben dagegen angezeichnet, dass religiöse Dogmen als allgemein verbindlich betrachtet werden. Vielleicht haben sie dabei gelegentlich überzeichnet; das gehört dazu. Eine aufgeklärte Gesellschaft ringt miteinander um den Ausgleich von Rechten und Werten. Dieses Ringen ist anspruchsvoll. Es fordert von Beteiligten nicht nur Toleranz, sondern auch Respekt voreinander.

Deutschland ist ein multireligiöses Land geworden. 1950 gehörten 96 Prozent der Bevölkerung in den beiden deutschen Staaten der evangelischen oder der katholischen Kirche an. Nur vier Prozent waren entweder konfessionslos oder Mitglieder nicht christlicher Religionsgemeinschaften. Im Jahr 2010 sieht die Verteilung grundlegend anders aus. Noch knapp 60 Prozent zählen zur evangelischen oder katholischen Kirche. 30 Prozent sind konfessionslos; zehn Prozent gehören anderen Religionsgemeinschaften an – die Hälfte davon sind Muslime. Vier Millionen Muslime leben in Deutschland; 100 000 Mitglieder zählen die jüdischen Gemeinden. Deutschland ist ein buntes Land. Ob man das Multikulturalität oder sonst wie nennt, ist egal. Es geht im Einwanderungsland Deutschland darum, Heterogenität als Normalität nicht nur zu ertragen, sondern zu akzeptieren und zu respektieren – auf der Basis der Grundrechte, deren Beachtung, wenn man das so nennen mag, die Leitkultur ist.

Die Einwanderung organisieren

„Zuwanderungsland" ist eine Vokabel aus der Zeit, als das Wort „Einwanderung" verpönt war, als Konservative sich beim Aussprechen dieses Wortes die Zunge verknoteten. Deshalb heißt das Einwanderungsgesetz von 2004 auch nicht Einwanderungs-, sondern „Zuwanderungsgesetz" – und der

Untertitel des Gesetzes ist bezeichnend in seiner Negativität: Da wird nicht die Aufnahme von Menschen und ihre Integration plakativ in den Vordergrund gestellt, sondern eher die Ablehnung und das Unbehagen, das Unbehagen an Zu-viel-Einwanderung. Das Gesetz, das das deutsche Ausländerrecht auf eine neue Grundlage stellte, heißt nämlich in der Langfassung „Gesetz zur Steuerung und Begrenzung der Zuwanderung und zur Regelung des Aufenthalts und der Integration von Unionsbürgern und Ausländern".

Kein Teppich, nur ein Topflappen

Eigentlich sollte dieses Gesetz, das war die ursprüngliche Intention, das war die Absicht der von Rita Süssmuth geleiteten Kommission, die das Gesetz vorbereitet hatte, den großen Teppich ausrollen für Einwanderer; so groß sollte er sein, dass darauf gute Integration stattfinden kann. Es sollte, ähnlich wie in Kanada, ein Punktesystem geben, um die Einwanderung richtig organisieren und gestalten zu können. Aber dann wurde (als die Proteste der CDU/CSU so vehement waren und der hessische Ministerpräsident Roland Koch mit seiner Kampagne gegen die doppelte Staatsbürgerschaft so viel Erfolg hatte) aus dem großen Teppich nur ein Topflappen. Aber immerhin: Mit diesem Topflappen sind seitdem etliche Probleme angepackt worden – spät, sehr spät.

Die verzögerte Bereitschaft der Politik, Deutschland als Einwanderungsland anzuerkennen, hat zur verzögerten Bereitschaft der Bevölkerung geführt, sich mit der Religion der Einwanderer zu beschäftigen. Das passierte erst nach dem Ende des Ost-West-Konflikts. Und dann trat die Konfrontation mit dem Islam an dessen Stelle. Indes: Soziale Probleme in Deutschland lassen sich nicht islamisieren, wie das bei Pegida-Demonstrationen passiert. Und man kann den deutschen Muslimen, wenn sie eine Moschee bauen wollen, nicht damit kommen, dass in Mekka auch keine Kirche steht. Die Muslime in Deutschland können nichts für die Zustände anderswo. Sie können und müssen aber dafür sorgen, dass ihre Religion in Deutschland grundrechtsverträglich gepredigt und praktiziert wird.

Der kulturelle Reichtum, der Europa prägen muss

Der Wiener Kardinal Franz König hat, kurz vor seinem Tod 2004, in einer Zeit, in der in österreichischen Wahlkämpfen gegen Ausländer gehetzt wurde, einen europäisch-programmatischen Satz gesagt: „Wir haben so viele verschiedene Kulturen auf heimatlichem Boden. Dieser Reichtum darf nicht nivelliert werden; er muss das vereinte Europa prägen." Das ist die Antwort auf Pegida. Das ist die Antwort auf Islamisten und Islamhasser. Der Reichtum der Kulturen, Traditionen, Religionen und Menschen – er muss hineingenommen werden in die Europäische Union. Dann wird aus ihr die Heimat Europa.

Erschienen am 10. 1. 2015

Am 7. Januar 2015 drangen islamistische Attentäter in die Redaktionsräume der Satirezeitschrift *Charlie Hebdo* in Paris ein. Zwei maskierte Täter töteten elf Personen, verletzten mehrere Anwesende und brachten auf ihrer Flucht einen weiteren Polizisten um. Sicherheitskräfte erschossen die beiden Täter. Am 8. Januar wurde im Süden von Paris eine Polizistin von einem weiteren schwer bewaffneten Täter erschossen. Dieser überfiel am Tag darauf einen Supermarkt für koschere Waren im Pariser Osten und tötete vier Menschen.

*Eine gute Zukunft
dieser Gesellschaft hängt
auch davon ab, dass die
vier Millionen Muslime
in Deutschland wirklich
zu Hause sind.*

Die dritte deutsche Einheit

Die erste deutsche Einheit begann vor sechzig Jahren mit der Integration der Flüchtlinge und Vertriebenen nach dem Zweiten Weltkrieg; diese Einheit ist längst vollendet. Die zweite deutsche Einheit begann vor 25 Jahren mit dem Fall der Mauer; sie ist weit gediehen. Die dritte Einheit, die von Alt- und Neubürgern, von eingewanderten und alteingesessenen Bürgern, steht noch am Anfang; ihre Entwicklung ist gefährdet von den sich radikalisierenden Ressentiments gegen den Islam und gegen muslimische Bürger; diese Ressentiments werden von islamistischen Attentätern befruchtet.

Die Einheit von Alt- und Neubürgern

Die deutsche Gesellschaft ist gespalten: Auf der einen Seite stehen diejenigen, die eine dritte Einheit befördern wollen und wissen, dass eine gute Zukunft dieser Gesellschaft von der Inklusion abhängt, davon also, dass die vier Millionen Muslime in Deutschland wirklich zu Hause sind. Auf der anderen Seite stehen diejenigen, die diese Einheit ablehnen, deswegen Exklusion fordern und das unter anderem mit den Gewalttaten islamistischer Terroristen begründen. Das aggressive Ressentiment ist für Menschen, die von „Pegida" angezogen werden, identitätsstiftend. Manche von ihnen würden am liebsten eine neue Mauer bauen, um den Islam als Lebensform zu isolieren.

Die Größe dieses Exklusions-Lagers ist schwer zu schätzen; es ist jedenfalls sehr laut, raumgreifend und eifernd nicht nur auf den Straßen von Dresden, sondern vor allem in den Foren des Internets. Der Rückgriff der Pegidisten auf die „christliche Wertegemeinschaft" ist auch ein Akt der Ablenkung von den Ursachen der sozialen Miseren und ein Akt der Aggressionsverschiebung. Das erklärt, warum es in ganz Europa Pegida-Ableger gibt. Zu befürchten ist, dass Muslime darauf mit ihrem Rückzug in religiöse Selbstvergewisserungen reagieren. Mohammeds Flucht aus Mekka und seine spätere Rückkehr als Kämpfer passt nicht wenigen jungen, frustrierten und exkludierten Muslimen ohnehin gut als Identifikationsfolie.

Es stehen sich zwei Zivilgesellschaften gegenüber

In Europa steht das Miteinander, in Deutschland die dritte deutsche Einheit auf dem Spiel. Der jahrzehntelange Streit darum, ob Deutschland Einwanderungsland ist, flammt in neuer Form wieder auf. Diesmal tobt der Streit nicht, wie einst, zwischen den politischen Parteien – zwei völlig verschiedene Zivilgesellschaften stehen sich gegenüber, eine zivile und eine unzivile. Die Straße galt lange als Raum des aufgeklärten, linksliberalen Protests: gegen Krieg, gegen Nachrüstung, für Naturschutz und Atomausstieg. Dort sammelt sich nun auch, nicht nur in Dresden, die Reaktion – und verlangt, wie das die bisherigen Demonstranten auch tun, mehr direkte Demokratie. Die deutsche Gesellschaft steht an einem Scheideweg.

Die dritte deutsche Einheit begann spät, vierzig Jahre nach dem Beginn der Einwanderung. Sie begann zaghaft vor zehn Jahren, als ein „Zuwanderungsgesetz" in Kraft trat; sie begann handfest vor fünf Jahren, als zum ersten Mal eine türkisch-stämmige Frau Ministerin in Deutschland wurde. Es gibt Anzeichen dafür, dass diese Einheit gut gelingen könnte: Es gibt immer mehr Politiker, Wissenschaftler, Manager, Künstler, Lehrer, Redakteure und Geschäftsleute mit migrantischen Namen in Deutschland; die Migranten-Generation kehrt ein in die bürgerliche Gesellschaft; die Jahre der Gastarbeiterei versinken im Imperfekt. Eine bunte, aufgeklärte, weltoffene deutsche Zivilgesellschaft ist entstanden.

Völkischer Geist, aus der Flasche gelassen

Es gibt aber auch die Gegen-Zivilgesellschaft. Ein völkischer Geist ist dort aus der Flasche gelassen, der NSU-Schock abgeklungen. Man hat es den Muslimen dort übel genommen, dass man sich bei ihnen der NSU wegen entschuldigen musste. Die Pariser Attentate haben diese Rollenverteilung wieder umgedreht. Der alte neue Geist agitiert so, als habe es die vergangenen dreißig Jahre nicht gegeben; als habe die Bundesrepublik nicht bitter gelernt in Rostock, Mölln und Solingen, als Wohnhäuser brannten und als Ausländer, wie in Hoyerswerda 1991, unter dem Gejohle der feixenden Menge aus der Stadt geführt wurden. Mit Lichterketten musste die Menschenwürde verteidigt werden; das war fast so, als müsse die Mathematik das Einmaleins verteidigen. Es war dies auch Frucht einer Politik, deren Wahlkämpfe von der angeblichen Überfremdung Deutschlands lebten. Das ist noch nicht so lange her und hat Nachwirkungen, die auch „Pegida" heißen.

In der Ecke einer Schublade der CDU/CSU liegt noch der Entwurf des Bundesinnenministers der Regierung Kohl von 1988 zu einem unglaublich scharfen Gesetz, der Einwanderer als Störer begriff, gegen die man die nationale Kultur verteidigen müsse. Einwanderung bedeute nämlich, so hieß es, „den Verzicht auf die Homogenität der Gesellschaft, die im wesentlichen durch die Zugehörigkeit zur deutschen Nation bestimmt wird". Mit solchen Sätzen hätte man damals auch das Parteiprogramm der rechtsradikalen Republikaner schreiben können, deren Redner es bei Parteitagen zum Ritual machten, unter tobendem Beifall auf die „Ganovenpresse" einzudreschen. Heute heißt das „Lügenpresse"; und die ausländerfeindlichen Regierungssätze, die 1990 nicht Gesetz wurden, sind heute Pegida-Parolen.

Ganovenpresse, Lügenpresse, Lernprozesse

Alles also schon da gewesen, dann wieder verschwunden? Entwarnung also? So einfach ist es nicht. Gewiss: Die Parteien haben, mehr oder weniger, dazugelernt. Plumpe Ressentiments stoßen heute medienübergreifend auf Ablehnung. Überschriften wie sie der Presserat einst rügen musste („Wie viele Asylbewerber verträgt die Kläranlage?"), sind heute unvorstellbar. Das ist nicht Ausdruck von Mainstream-Korrektheit, sondern Ergebnis eines Lernprozesses, den auch die sogenannte vierte Gewalt gemacht hat.

Es gibt aber eine neue fünfte Gewalt; so nennt der Medienwissenschaftler Bernhard Pörksen das Internet und die „vernetzten Vielen". Dort findet man wunderbar kluge Gedanken, dort findet man aber auch bestürzend hässliche Tiraden; dort findet man Hass und Hetze; dort findet man Rationalität wie Irrsinn.

Nicht nur auf den Straßen, auch im Netz muss eine aufgeklärte Zivilgesellschaft für die dritte deutsche Einheit streiten. Es darf nicht zum Netz der Exklusion werden.

Erschienen am 17. 1. 2015

Bevor Flüchtlinge und Migranten eine neue Heimat finden können, müssen sie ihre Flucht überleben.

Freies Geläut

Eine solche Aktion hat es in Deutschland noch nie gegeben: Es läuten die Kirchenglocken für die Flüchtlinge. Es wird dies kein triumphales Geläut sein, denn es gibt nichts zu feiern; es wird ein monumental-trauriges Geläut sein, denn es sind die Totenglocken, die läuten – darunter die Glocke Nummer eins des Kölner Doms, die gewaltigste Glocke der Christenheit. Der Kölner Kardinal Rainer Maria Woelki lässt an einem Freitagabend von den Kirchtürmen seiner Diözese die Glocken tönen; für jeden toten Flüchtling im Mittelmeer ein Schlag – als Mahnung, als Zeichen, als Aufforderung an die Politiker, „einen legalen Weg für Flüchtlinge nach Europa" zu schaffen.

Verzweifelte Flüchtlinge

Es ist dies die richtige Woche zum Läuten: In Österreich hat die Innenministerin angeordnet, dass ihre Behörden keine neuen Asylverfahren, sondern nur noch Abschiebungen bearbeiten sollen. An der italienisch-französischen Grenze kündigen verzweifelte Flüchtlinge an, ins Meer zu springen. Und in Deutschland treffen sich am Donnerstag die 16 Ministerpräsidenten mit der Kanzlerin zum „Flüchtlingsgipfel". Am Samstag ist der Welttag der Flüchtlinge. Im Mittelmeer wird derweil weiter gestorben – weil es eben für Flüchtlinge und Migranten keinen legalenWeg nach Europa gibt: Wer kommen will, braucht ein Visum, aber Visa werden nicht ausgestellt; das ist die „Visumsperre". Wer auf dem Landweg kommen will, trifft auf einen Eisenzaun zwischen der Türkei und Griechenland; das ist die Landsperre. Bleibt der Weg übers Mittelmeer; er ist für viele Tausend Flüchtlinge der Weg in den Tod.

Glocken sollen den legalen Weg für Flüchtlinge freiläuten

Woelki will einen legalen Weg für die Flüchtlinge freiläuten, das Geläut soll sicheres Geleit erwirken. Da werden die Glocken des Erzbistums Köln nicht reichen; da müssten wohl alle Kirchen Europas zusammen läuten, stunden- und tagelang. Das Flüchtlingselend ist eine historische humanitäre Herausforderung für die europäische Politik; aber diese Politik wimmelt ab, sie schwadroniert von militärischen Aktionen gegen die Schlepper, viele EU-Regierungen träumen von der Festung Europa, ohne daran zu denken, dass eine Festung ohne Zugbrücken verfällt und verrottet. Wohlstand und Werte sollen – so denken die EU-Festungsfreunde – drinnen, die Not soll draußen bleiben. Die Festungsfreunde verkennen, dass es Werte nicht einfach gibt, sondern dass Werte nur dann etwas wert sind, wenn sie in der Not eingelöst werden.

Eine Festungspolitik ist mindestens so realitätsfern wie die Forderung nach Öffnung der Außengrenzen für alle. Warum? Die bedrohten Menschen kommen, weil die Not sie treibt. So abschreckend kann EU-Abschreckungspolitik gar nicht sein, dass sie es mit den Schrecknissen aufnehmen könnte, vor denen Flüchtlinge fliehen. Ob der EU die Migration passt, ist nicht die Frage. Die Frage ist, wie man damit umgeht und sie gestaltet – rechtsstaatlich und human. Die EU-Politik darf nicht Terror provozieren, indem sie militärisch interveniert und Kriegsschiffe zur Zerstörung von Booten schickt.

Die deutschen Politiker werden sich auf ihrem „Flüchtlingsgipfel", hoffentlich, damit befassen, wie man die Aufnahme der Flüchtlinge verbessern kann: Sie sind zügig in Privatwohnungen statt in Lagern unterzubringen, weil das die humanere und kostengünstigere Lösung ist. Die Politiker werden sich, hoffentlich, damit befassen, das Angebot an Sprachkursen zu vergrößern und die Hilfen zur Vermittlung in den Arbeitsmarkt. Und die Politiker werden hoffentlich erkennen, wieviel Ehrgeiz, Mut, Talent und Kraft in den Leuten steckt, die bisher zur Katastrophe erklärt wurden. Aber bevor Flüchtlinge und Migranten eine neue Heimat finden können, müssen sie ihre Flucht überleben – das ist das Anliegen der Glockendemonstration. Flüchtlinge sind keine „Illegalen", sie werden von der derzeitigen EU-Politik illegalisiert. Wie aber schafft man legale Wege? Die Regierungschefs und die EU müssen europaweit Flüchtlings-kontingente festsetzen. Die EU-Staaten müssen sich darauf einigen, wer wie viele Flüchtlinge aus welchen Kriegsstaaten aufnimmt und nach welchen Kriterien und wie sie die Menschen aus Krisen- und Katastrophenstaaten schützen. Des Weiteren: Die Sperre des Landweges nach Europa muss aufgehoben werden.

Die Nachbarländer der Kriegs-und Krisenstaaten, in denen Flüchtlinge vorläufig Schutz gefunden haben, brauchen progressive Hilfe. Im Libanon, dem kleinen Land mit 4,5 Millionen Einwohnern, leben 1,5 Millionen Flüchtlinge, darunter 400 000 im Schulalter. Das schreit nach Hilfe, nach großzügigen Patenschaftsprogrammen. Die Kirchen können da ein Beispiel geben; denn Hilfe muss mehr sein als tönendes Erz. Es geht um das Ende der Globalisierung der Gleichgültigkeit.

Erschienen am 15. 6. 2015

Vor sechshundert Jahren wurde der Reformator Jan Hus auf dem Konstanzer Konzil verbrannt. Der Scheiterhaufenmord in Konstanz hat die europäische Geschichte verändert.

Der heilige Ketzer

Jan Hus –
Aufstand des Gewissens
gegen die Macht

Seine Schriften waren kurz vorher verbrannt worden. Nun stand er selbst im Scheiterhaufen: Der Magister Johann Hus aus Prag, 45 Jahre alt, eine rostige Kette um den Hals, auf dem Kopf, zum Zeichen seiner Schande, eine Ketzermütze aus Papier, bemalt mit Teufeln. Rings um ihn, bis zum Kinn hoch aufgeschichtet, zwei große Fuhren Holzbündel, mit pechgetränktem Stroh vermischt.

„Dann zündete der Henker den Magister an. Er sang darauf mit lauter Stimme zuerst: Christus, Sohn des lebendigen Gottes, erbarme dich meiner ... und als er zum dritten Mal begonnen hatte zu singen, schlug ihm alsbald der Wind die Flamme ins Gesicht, und also in sich betend und Lippen und Haupt bewegend, verschied er im Herrn. Im Augenblick der Stille aber, bevor er verschied, schien er sich zu bewegen, und zwar so lange, als man höchstens zwei oder drei Vaterunser sprechen kann." So steht es im Augenzeugenbericht des Peter Mladoniowitz, dem Schreiber des Ritters Jan von Chlum. Und selbst die Hübschlerinnen und Huren, die sehr zahlreich waren im Konstanz des Konzils, bekreuzigten sich: „So stirbt kein Ketzer, so stirbt ein Heiliger."

Dieser Scheiterhaufenmord zu Konstanz hat die europäische Geschichte verändert; er war der Beginn der europäischen Religionskriege, die Jahrhunderte dauern sollten. „Erst da Hus tot war, wurden seine Gedanken richtig lebendig", schrieb später der Historiker Leopold von Ranke. Diese Gedanken waren reformatorisch, sie waren radikaler als einhundert Jahre später die von Martin Luther.

Radikaler als Luther

Hus nannte sich nach dem südböhmischen Dorf Husinec, nahe Prachatitz in den südlichen Ausläufern des Böhmerwalds gelegen, wo er als Sohn eines Fuhrmanns aufgewachsen war. Im Jahr 1400 wurde er 29-jährig zum Priester geweiht, wurde Rektor der Bethlehemskapelle in der Prager Altstadt, dann Dekan und schließlich Rektor an der Prager Universität. An die dreitausend Predigten soll er in zehnjähriger Tätigkeit gehalten haben. „Hus" heißt auf Tschechisch Gans – und also werden von ihm die Worte berichtet, die er angesichts des Scheiterhaufens gesagt haben soll: „Heute bratet ihr eine magere Gans. Aber über hundert Jahre werdet ihr einen Schwan singen hören, der sich aus meiner Asche erheben wird. Den sollt ihr ungebraten lassen".

Hus war ein volkstümlicher, ein begnadeter Prediger. Er hat, wie hundert Jahre später Luther, gegen den Ablasshandel gepredigt. Er vertrat die Thesen des im Jahr 1384 verstorbenen Oxforder Theologielehrers John Wyclif, der den politischen Machtanspruch und die weltliche Herrschaft der Kirche, den Verkauf von Kirchenämtern, die Verehrung der Reliquien von Heiligen angeprangert hatte. Hus lehnte also den kirchlichen Feudalismus, den Großgrundbesitz der Kirchenfürsten und den Zölibat als biblisch nicht vorgegeben ab; er wollte eine arme Kirche – und er zeigte mit Fingern auf eine partiell verkommene Geistlichkeit. Hus gefiel nicht nur den kleinen Leuten, sondern auch den böhmischen Adligen, die darauf spekulierten, dass ihnen der weltliche Besitz der Kirche zufallen könnte.

Hus lehrte, dass nicht Papst und Klerus, sondern die Gläubigen selbst die Kirche verkörpern. Das Trinken aus dem Kelch bei der Kommunion, das als Vorrecht der Priester galt, gestand Hus allen Gläubigen zu, also auch den Laien. Der „Laienkelch" wurde zum Symbol der hussitischen Bewegung. Der Kelch war auf ihren Fahnen abgebildet.

Verbrennen und auslöschen

Jan Hus stellte die erkannte Wahrheit und das von Gott erleuchtete Gewissen über menschliche und kirchliche Autorität. Das klingt noch heute unglaublich modern, da würde er vom Bischof noch heute scheel angeschaut; und das war damals revolutionär, das war eine Bedrohung für die Autokratie der so eng verbundenen weltlichen und kirchlichen Macht. Diese Bedrohung hat diese damals, vor 600 Jahren, verbrennen und so auslöschen wollen.

Henker schaufelten die Asche auf einen Wagen und schütteten die Ladung in den Rhein. Es sollte nichts übrig bleiben vom Ketzer und seiner Lehre.

Das geschah am 6. Juli 1415. Die Flammen des Scheiterhaufens in Konstanz aber setzten das ganze Reich in Brand.

Der schwache Kaiser Sigismund

Vor sechshundert Jahren begann die Reise des vom Papst gebannten Magisters Jan Hus nach Konstanz, wo er seine Thesen verteidigen wollte. Das Reisepapier bestand in einem von Kaiser Sigismund ausgestellten Brief. In diesem Brief lud der Kaiser den Magister Hus zum Konzil ein, stellte ihn unter „seinen und des Heiligen Reiches Schutz" und versicherte feierlich, er könne „frei durchreisen, verweilen und zurückkehren". Der schwache Kaiser Sigismund hielt das Versprechen nicht; die Kirche machte ihm klar, dass der Mann aus Prag auch für ihn, den Kaiser, gefährlich war, weil der zum Widerstand und Ungehorsam gegenüber kirchlichen wie weltlichen Obrigkeiten aufriefe. Demjenigen, der in Todsünde lebt, so lehrte Hus nämlich, sei kein Gehorsam zu schulden. Die katholische Kirche enthob den Kaiser aller moralischen Skrupel, indem sie ein Wort, das man einem Ketzer gegeben habe, für unverbindlich erklärte.

„Niemand ist Prälat oder Herr, wenn er sich im Stand der Sünde befindet"

Der Ritt zum Konstanzer Scheiterhaufen begann am 11. Oktober 1414 in Prag. Die Anreise gestaltete sich noch äußerst freundlich; in der benachbarten Oberpfalz wurde der Magister geradezu begeistert empfangen. Im oberpfälzischen Bärnau, an der böhmischen Grenze gelegen (heute Landkreis Tirschenreuth), wurde er vom Pfarrer und seinen Vikaren auf das Liebenswürdigste begrüßt und in den Pfarrhof komplimentiert, wo man ihm, noch bevor man sich in theologische Gespräche vertiefte, einen großen Humpen Wein kredenzte. Fünfzig Personen begleiteten Hus, darunter böhmische Adelige, die für seine Sicherheit bürgen sollten. In einem Brief aus Nürnberg an seine Prager Freunde nennt Hus die einzelnen Stationen der Reise: Von Bärnau ging es über Neustadt/Waldnaab, Weiden und Sulzbach nach Hirschau, von dort weiter über Hersbruck nach Nürnberg. Im oberpfälzischen Kohlberg wurde soeben zur Erinnerung an die Reise des Magisters Hus am evangelischen Gemeindehaus eine Gedenktafel angebracht.

Es war dies nicht einfach eine Anreise nach Konstanz, es war ein Triumphzug in den Tod. „Wisset", so schrieb er seinen Freunden, „dass ich niemals mit einer über den Kopf gezogenen Kapuze, sondern unbedeckt und offenen Antlitzes reiste". Es war eine Predigt- und Aufklärungsreise. Hus proklamierte und disputierte und die Leute liefen ihm zu.

Die hussitischen Ideale hatten ihre Anhänger auch in der oberpfälzischen Geistlichkeit – aber die Reaktion der Amtskirche
war brutal: Im Frühjahr 1421 wurde in Regensburg der Kaplan
Ulrich Grünsleder, ein gebürtiger Vohenstraußer, auf Befehl
von Bischof Albert III. auf dem Regensburger Domplatz verbrannt, weil er die Schriften von Jan Hus übersetzt und verbreitet und dessen Hinrichtung auf dem Konzil in Konstanz
getadelt hatte. Kaplan Grünsleder war nicht der Einzige, dem
es so erging. Zwei Jahre nach Grünsleders Tod wurde in Regensburg der Priester Heinrich Rathgeb aus Gotha vor das In-
quisitionsgericht gestellt. Zu seiner Verurteilung zum Tod auf
dem Scheiterhaufen führte unter anderem sein Bekenntnis
zum hussitischen Satz, der auf Wyclif zurückgeht: „Nullus est
praelatus vel dominus" – niemand ist Prälat oder Herr, wenn
er sich im Stand der Sünde befindet. „Es ist schon erstaunlich
und kommt nicht von ungefähr", so heißt es in einem Aufsatz
von Werner Perlinger in der Zeitschrift „Die Oberpfalz", dass
damals „die Bevölkerung trotz der kriegerischen Drangsale
im Grenzbereich zunächst den Ansichten des Jan Hus und so-
mit auch dieser Bewegung zugeneigt war".

Die Wirren der Hussitenkriege

Unter den Wirren der Hussitenkriege und ihren Nachfolge-
kriegen hat die Oberpfalz so gelitten, dass diese Kriege sich
dort bis heute ins Bewusstsein eingebrannt haben. Noch in
den sechziger Jahren des letzten Jahrhunderts gehörte es dort
zum Stoff der Heimatkunde in der Volksschule, dass die Hussiten bei einem ihrer Raubzüge in die Oberpfalz den Ortspfar-
rer gefangen gesetzt, an ihren Wagen gekettet und dann bis
nach Taus in Böhmen verschleppt haben. In diesem böhmischen Taus/Domažlice erlitten die deutschen Fürsten, vom
päpstlichen Gesandten Julian Caesarini zum Kreuzzug gegen „die böhmischen Ketzer" aufgerufen, im Jahr 1431 ihre

schmählichste Niederlage: Prokop der Große, Heerführer der
Taboriten, einer fundamentalistischen Richtung der Hussiten, schlug – so die historischen Lexika – das Reichsheer ver-
nichtend. Die Wahrheit ist die: Der Markgraf von Branden-
burg als Führer des Kreuzzugs flüchtete vor den Hussiten
kampflos und panikartig über Waldmünchen und Furth zurück nach Bayern. Diese Panik hatte einen Grund: Die Gräu-
el, die das Kreuzfahrerheer zuvor an der böhmischen, auch an
der nicht hussitischen, christlichen Bevölkerung angerichtet
hatte. Zweihundert böhmische Ortschaften waren niederge-
brannt worden.

Jan Hus und Johannes von Nepomuk

Die Schlacht bei Taus, die also keine Schlacht, sondern eine große Flucht war, bildet seit dem Jahr 1952 den historischen Hintergrund des Drachenstich-Festspiels in Furth im
Wald. Nur ein einziges Mal wurden die Hussiten besiegt –
am 21. September 1433 in der Schlacht bei Hiltersried. Diese
Schlacht, die keine sehr große war, auf jeder Seite kämpften
unter tausend Mann, ist der Hintergrund des Freilichtspiels
in Neunburg vorm Wald, das den Namen „Vom Hussenkrieg"
trägt. Besiegt hat sich die hussitische Bewegung dann selbst,
im Kampf zwischen den gemäßigten Kalixtinern und den radikalen Taboriten, die eine Art christlichen Urkommunismus
leben wollten.

Jan Hus ist die eine große Figur der böhmischen Geschichte.
Der Heilige Johannes von Nepomuk ist die andere große Figur
der böhmischen Geschichte; seine Statue findet man auf vielen
Brücken in Tschechien, Deutschland und Österreich. Nach der
Legende weigerte er sich, das Beichtgeheimnis zu brechen; er
habe dem König Wenzel nicht preisgeben wollen, was dessen
von ihm der Untreue verdächtigte Frau ihm in der Beichte an-
vertraut habe. Deshalb habe Wenzel ihn foltern und anschlie-

ßend von der Prager Karlsbrücke ins Wasser stürzen lassen. Der Märtyrer des Beichtgeheimnisses wurde zwanzig Jahre vor Jan Hus ermordet. Als man Jahrhunderte später sein Grab öffnete, fand man, so die Sage, im Totenschädel völlig unversehrt die Zunge, an deren Schweigen die Gewalt des Königs zu Schanden gekommen war. Auf der Karlsbrücke zu Prag steht seitdem ein Standbild des Heiligen Nepomuk, der 1729 heilig gesprochen wurde. Das Antlitz des Heiligen, von dem nie ein Bild überliefert wurde, trägt die Züge des Jan Hus.

Die Entdeckung Amerikas im Jahr 1492 gilt gemeinhin als die Wende zwischen Mittelalter und Neuzeit. Durch dieses spektakuläre Ereignis wird die andere Umwälzung verdeckt – die 1414/15 begann, als in Konstanz dem böhmischen Reformator Jan Hus der Prozess gemacht wurde. Jan Hus gab dem europäischen Denken jene Richtung, die über Luther und Calvin in die Gegenwart führt. Er steht für den Aufstand des Gewissens gegen die Macht. Seit Jan Hus ist die Geschichte Mitteleuropas eine Geschichte der Glaubenskämpfe – „nach 1945 selbst noch in der Abwendung von Gott", wie der Publizist und Böhmen-Kenner Jürgen Serke schreibt: Der christliche Kommunismus der Taboriten, der Teil der hussitischen Bewegung war, habe schließlich hin zum kommunistischen Marxismus geführt.

Vom christlichen Kommunismus zum kommunistischen Marxismus

Der Hussitismus war eine christliche Reformbewegung. Der große Mittelalterforscher Herbert Grundmann hat schon in den sechziger Jahren des letzten Jahrhunderts die sogenannten Ketzer und Sekten des Mittelalters, die Hussiten zumal, „gleichsam als Seitentriebe und Verzweigungen des mittelalterlichen Christentums" verstanden. „Denn es gab im Mittelalter, außer ganz vereinzelten Ausnahmen, keine Ketzer, die nicht christlich sein wollten, ja die besseren, die guten und wahren Christen zu sein beanspruchten". Hus war ein radikaler Christ.

„Daher kann und will ich nichts widerrufen, weil wider das Gewissen etwas zu tun weder sicher noch heilsam ist. Gott helfe mir, Amen". So hat, gut hundert Jahre nach Hus, auf dem Konzil zu Worms Martin Luther gesprochen. In der Innenstadt von Worms steht seit 1868 ein monumentales Luther-Denkmal, das daran erinnert. Zu Füßen Luthers sitzen vier Vor-Reformatoren, die die europäische Dimension der Reformation repräsentieren: Petrus Waldus aus Frankreich, John Wyclif aus England, Johannes Hus aus Böhmen und Hieronymus Savonarola aus Italien. Mit beiden Händen hält Hus das Kreuz umklammert, in dessen Betrachtung er mit ernster Miene versunken ist.

Erschienen am 8. 11. 2014

Europas Wappentier ist nicht die Geldkatze. Nicht der Euro hält Europa im Innersten zusammen, sondern der Glaube an die Kraft des Rechts.

Das Recht des Stärkeren und die Stärke des Rechts

Die welthistorische Bedeutung der Europäischen Menschenrechtskonvention

Man hat sich an das ganze Ach und Weh, man hat sich an das große Gejammer über Europa so gewöhnt, dass einer, der Europa feiern will, als Spinner gilt. Sei's drum. Dieser Tag ist ein Feiertag, er ist ein Festtag für das ganze, für das große Europa; nicht nur für die 28 Staaten der Europäischen Union, sondern für alle 47 Staaten des Europarates, Russland und Türkei also inklusive.

Warum der 3. September 1953 ein großer Festtag ist

Dieser Tag, der 3. September: Es ist ein Tag, der klarmacht, dass Europas Wappentier nicht die Geldkatze ist. Der Spruch zu diesem Tag lautet nämlich: Es ist erbärmlich und falsch, den Reichtum der europäischen Idee auf das Ökonomische zu reduzieren. Diese Reduktion gehört zu den größten Schäden, die die Finanzkrise angerichtet hat. Der 3. September lehrt, was Europa im Innersten zusammenhält: Nicht der Euro, sondern der Glauben an die Kraft des Rechts; der Glaube daran, dass die Stärke des Rechts das Recht des Stärkeren ersetzen kann und muss. Am 3. September 1953 trat die EMRK, die Europäische Menschenrechtskonvention, in Kraft. Man müsste, würden solche Tage noch gefeiert wie früher Kaisers Geburtstag, Fahnen vor die Häuser stellen und Girlanden über den Straßen winden, nicht nur zwischen Garmisch und Kiel, sondern von Gibraltar bis zur Halbinsel Kamtschatka in Russlands fernem Osten, von Grönland bis an das Schwarze Meer; überall dort nämlich gelten die in der EMRK verbürgten elementaren Rechte – die Versammlungsfreiheit, das Recht auf ein faires Verfahren, das Folterverbot.

Eine Weltsensation

Überall dort können sich die Menschen ihr Recht in Straßburg, beim Menschenrechtsgerichtshof, holen; überall dort können sie vor diesem internationalen Gericht gegen die eigene Regierung klagen, wenn sie den nationalen Rechtsschutz ausgeschöpft haben. Das ist nicht nur bemerkenswert; das ist sensationell, das hat welthistorische Bedeutung.

Dass zum Schutz seiner Rechte der Einzelne sogar den eigenen Staat unmittelbar auf der internationalen Ebene zur Rechenschaft ziehen kann, gehört zu den nach den Maßstäben eines vom Souveränitätsprinzip geprägten Völkerrechts fast unglaublichen Entwicklungen, so beschreibt das Eckart Klein, Gründungsrektor des Menschenrechtszentrums der Universität Potsdam. Sechzig Jahre EMRK: Zu feiern ist das wohl erfolgreichste Projekt der europäischen Geschichte zukunftsträchtiger als alle Ereignisse, die sonst an den Nationalfeiertagen bejubelt werden. Dieser Tag verdient Fahnen, Festreden und Girlanden: Es ist der Tag des wirkmächtigsten internationalen Menschenrechtsvertrages, wie Christoph Grabenwarter, Richter am Österreichischen Verfassungsgerichtshof, sagt. Es ist der Tag der Stärke Europas.

Die Europäische Menschenrechtskonvention ist in ihren sechzig Jahren reifer und weiser geworden; auch kräftiger, als sie am Anfang war, als die Bundesrepublik, zusammen mit Griechenland übrigens, zu den zehn Gründungsstaaten gehörte (daneben Großbritannien, Belgien, Luxemburg, Dänemark, Schweden, Norwegen, Irland und Island). Frankreich trat erst 1974 bei. Das Jahr der großen Kräftigung der Konvention war 1998: In diesem Jahr haben nicht nur einzelne, sondern alle Mitgliedsstaaten die Individualbeschwerde anerkannt; seitdem, seit 15 Jahren also, gilt die soeben gepriesene Unglaublichkeit, dass jeder europäische Bürger seinen eigenen Staat, seine nationale Regierung in Straßburg verklagen kann. Auf globaler Ebene gibt es ein solches Gericht nicht; die Rechte, die die Allgemeine Erklärung der Menschenrechte der Vereinten Nationen aus dem Jahr 1948 wunderbar postuliert, können vor keinem internationalen Gericht eingeklagt werden. Der Europäische Gerichtshof für Menschenrechte als Wächter über die Europäische Menschenrechtskonvention ist daher eine Weltsensation.

Mit dem Verbot der Todesstrafe hat Europa Menschenrechtsgeschichte geschrieben

Sogenannte Zusatzprotokolle haben die Konvention gestärkt: Das 13. Protokoll aus dem Jahr 2002 hat die Todesstrafe endgültig, ein für alle Mal und ohne jede Ausnahme, abgeschafft für mehr als 800 Millionen Menschen in 47 Staaten. Das klingt wie eine Selbstverständlichkeit in einem Land wie Deutschland, in dem das Grundgesetz die Todesstrafe schon 1949 verboten hat. Es ist dies aber global gesehen gar keine Selbstverständlichkeit, wie die Hinrichtungen in den USA zeigen. In den Niederlanden wurde die Todesstrafe erst 1983 gestrichen, in Belgien 1996, in Großbritannien 1998; die letzte Hinrichtung auf deutschem Boden fand 1981 statt, die DDR strich die Todesstrafe 1987. Markus Löning, der Menschenrechtsbeauftragte der Bundesregierung, bezeichnet die Abschaffung der Todesstrafe in Europa als die Erfolgsgeschichte des letzten Jahrhunderts. Das 6. Protokoll von 1983 hatte die Todesstrafe nur für Friedenszeiten verboten; für Kriegszeiten war sie noch, bis 2002, zulässig geblieben. Mit dem umfassenden Verbot der Todesstrafe hat Europa Menschenrechtsgeschichte geschrieben.

Das Gericht in Straßburg:
Hoffnungsträger der Europäer

Über 65 000 Klagen, über 65 000 Beschwerden aus ganz Europa haben allein im vergangenen Jahr 2012 den Europäischen Gerichtshof für Menschenrechte erreicht, der in Straßburg über die Einhaltung der Konvention wacht. Fast die Hälfte dieser Klagen kam aus Russland, der Türkei und Rumänien. Das Gericht in Straßburg ist der Hoffnungsträger der Europäer, ganz besonders in den Ländern im Übergang zur Demokratie. Das Gericht ist souverän, unabhängig und oft, nicht immer, mutig. Es kuscht nicht, auch nicht vor den Regierungen der Länder, die glauben, die Rechtsstaatlichkeit für sich gepachtet zu haben. Es verurteilt bisweilen auch Deutschland; und es legt sich, wenn es sein muss, auch mit dem Bundesverfassungsgericht an. Karlsruhe war darüber erst grob irritiert, gibt sich aber mittlerweile eher animiert; die Rechtsprechung des höchsten deutschen Gerichts zur Sicherungsverwahrung zum Beispiel hat sich von Straßburg befruchten lassen.

Die Rechtsprechung dieses Straßburger Gerichts hat die Kraft des Tropfens, der den Stein höhlt. Die russische Regierung wird das noch spüren, zum Beispiel dann, wenn das Straßburger Gericht die Gesetze zur Strafbarkeit homosexueller Propaganda Urteil für Urteil für menschenrechtswidrig erklärt. Oder dann, wenn das Straßburger Gericht der Staatenbeschwerde Georgiens stattgibt, das sich über die Bombardierung ganzer Dörfer durch die russische Armee beklagt hat. Natürlich: Die Europäische Menschenrechtskonvention kann nicht verhindern, dass gegen sie verstoßen wird. Aber die Staaten, die gegen die Konvention verstoßen, können auch nicht verhindern, dass sie von Europas Gerichtshof für Menschenrechte verurteilt werden (es sei denn, sie träten, zu ihrer Schande, aus der Konvention und dem Europarat aus). In den Straßburger Urteilen steckt daher Rechtskraft im allerbesten Sinne. Und diese Urteile lehren, was der zentrale Zweck eines Staates sein muss: die Verwirklichung der Menschenrechte. Das hat Bedeutung, wenn Regierungen glauben, im Kampf gegen den Terrorismus sei praktisch alles erlaubt, von der völligen Missachtung des Datenschutzes (siehe die angloamerikanischen Geheimdienste) bis hin zum Krieg. Dann nämlich kommt es dazu, dass diese Regierungen die Menschenrechte, die sie zu schützen vorgeben, quasi als Kollateralschaden verletzen.

Die Kraft des Tropfens, der den Stein höhlt

Im Jahr 2009 hat das Straßburger Gericht zum ersten Mal eine Verfassungsbestimmung für konventionswidrig erklärt. Es handelte sich um die Regelung in der Verfassung von Bosnien und Herzegowina, welche die Minderheiten der Roma und der Juden vom passiven Wahlrecht ausgeschlossen hatte. Die Angriffe russischer Streitkräfte im Tschetschenienkrieg hat der Menschenrechtsgerichtshof verurteilt. Vor einem klaren Wort im Jugoslawien-Krieg hat er sich freilich gescheut. Die Entscheidung dazu gehört zu den schwächsten des Gerichts: Es hat sich die Luftangriffe der konventionsgebundenen Nato-Staaten auf serbische Ziele im Jahr 1999 nicht zu verurteilen getraut; die Opfer der Nato-Luftschläge blieben ohne den nachträglichen Schutz der Konvention.

Das europäische Recht hat sich langsam entfaltet. Die Bundesrepublik war zwar Gründungsmitglied der Europäischen

Menschenrechtskonvention, sie wurde aber dort dann jahrzehntelang kaum registriert. Bis in die Neunzigerjahre des
20. Jahrhunderts, also noch im vierzigsten Jahr der Konvention, galt diese an den juristischen Fakultäten als Exotenfach;
die Beschäftigung mit der EMRK war eine Sache von Spezialisten, vornehmlich denen des Völkerrechts. Die deutschen
Juristen hielten die Europäische Menschenrechtskonvention
für eine Art aufgedrängte Bereicherung. Und so verhielt sich
die deutsche Juristerei vier Jahrzehnte lang so wie die oberpfälzische katholische Großmutter, wenn an ihrem Küchenfenster die Zeugen Jehovas mit dem Anliegen klopften: „Wir
bringen Ihnen den wahren Glauben." Großmutter antwortete:
„Den hamma schon" und machte das Fenster wieder zu.

Nachhilfe aus Straßburg

Grund für die vier Jahrzehnte während Geringschätzung der EMRK waren deutsche Überheblichkeit, Unkenntnis sowie sprachliche und dogmatische Distanz, wie Renate Jaeger, die frühere Bundesverfassungsrichterin und
spätere Richterin am Straßburger Gerichtshof, meint.
Überheblichkeit: Sie resultierte daraus, dass die deutschen Juristen (samt denen am Bundesverfassungsgericht)
glaubten, ohnehin in der besten aller juristischen Welten zu leben; ein ziselierter Rechtsstaat wie die Bundesrepublik, mit der Menschenwürde-Garantie im ersten Artikel seines Grundgesetzes, müsse sich von einem Menschenrechtsgerichtshof keine Nachhilfe erteilen lassen. Unkenntnis: Universitäten, Gerichte und parlamentarische Öffentlichkeit thematisierten die durchaus markanten Entscheidungen aus Straßburg kaum; in den ersten 43 Jahren der Konvention wurde Deutschland ja auch nur dreizehn Mal verurteilt, im Durchschnitt alle drei Jahre ein
Mal; unter anderem wurde die Unentgeltlichkeit des Dol

metscherbeistands im Strafverfahren angeordnet. Die Unkenntnis wiederum hat mit den Sprachschwierigkeiten zu tun, die deutsche Juristen lange hatten: Die Entscheidungen des Straßburger Gerichtshofs werden in englischer oder französischer Sprache formuliert. Übersetzungen ins Deutsche wurden erst nach und nach verfügbar: Eine Entscheidungssammlung in deutscher Sprache (herausgegeben vom N.P. Engel Verlag in Kehl) gibt es erst seit 2008. Dazu kommt, dass Straßburger Urteile in Aufbau und Begründung so völlig anders gestrickt sind als deutsche, sie sind sehr französisch und, für den deutschen Rechtsgeschmack, wenig begründungsintensiv.

Elfmal im Jahr

Dass aber auch so anders gestrickte Urteile Gewicht und Bedeutung haben, haben die Deutschen lernen müssen: Die Straßburger Entscheidungen, etwa zur Neuordnung der Eigentumsverhältnisse nach der Wiedervereinigung oder zur Verurteilung des früheren DDR-Staats- und Parteichefs Egon Krenz (wegen der Todesschüsse an der Mauer), wurden von offizieller deutscher Seite ängstlich erwartet. In diesen Fällen hat Straßburg die bundesrepublikanischen Regelungen und Urteile akzeptiert.

In anderen Fällen war das nicht so: Die markanten und liberalen Straßburger Entscheidungen zur Sicherungsverwahrung zwangen das Bundesverfassungsgericht zu einer neuen Linie und den deutschen Gesetzgeber zu neuen Gesetzen. Die Straßburger Justiz warf im Fall Caroline von Monaco die eingefahrene deutsche Rechtsprechung zu den sogenannten absoluten und relativen Personen der Zeitgeschichte über den Haufen. Und auf Straßburger Druck musste die Rechtsstellung der unverheirateten und der biologischen Väter im deutschen Recht gestärkt werden.

Seit dem Jahrtausendwechsel wird Deutschland durchschnittlich elf Mal im Jahr vom Straßburger Gericht verurteilt, zum Teil mit erheblichen Rechtsfolgen. Keine Bundesregierung, kein Parlament, kein Gericht, keine juristische Fakultät kann es sich mehr leisten, Straßburger Urteile links liegen zu lassen.

Die Zukunft des europäischen Menschenrechtsschutzes wird sich, unter anderem, im Mittelmeer entscheiden: Dort ersaufen die Flüchtlinge, unter freundlicher Assistenz der EU-Grenzschutzorganisation Frontex und der italienischen Küstenwache. In einem wegweisenden Urteil hat der Straßburger Gerichtshof 2012 den Staat Italien zu Schadensersatzzahlungen an somalische und eritreische Flüchtlinge verurteilt, die vor Lampedusa aufgegriffen und zurück nach Libyen verbracht worden waren.

Die Stärke des Rechts ist Europas Stärke

Die Zahl der Beschwerden, die beim Straßburger Gericht eingehen und die sich auf die Europäische Menschenrechtskonvention berufen, steigt und steigt. Man muss deswegen nicht erschrecken; es handelt sich um einen Vertrauensbeweis für das Gericht.

Für den Anstieg der Klagen in Straßburg gilt das, was auch für den Anstieg der Asylbewerberzahlen in Europa gilt: Sie sind nicht das Problem, sondern nur ein Symptom. Freilich: Mit der Klage-Explosion in Straßburg wird die Dauer der Verfahren dort immer länger, im Schnitt sechs Jahre. Es ist apart, so hat Max Stadler formuliert, der verstorbene Staatssekretär im Bundesjustizministerium, dass der Menschenrechts-Gerichtshof in Deutschland eine Gesetzgebung herbeigeführt hat, die endlich einen Schutz vor überlangen Verfahren bietet. Die eigenen Verfahren des Europäischen Gerichtshofs für Menschenrechte dauern aber ebenfalls Jahre.

Eine Reform als Jubiläumsgeschenk

Wenn alle Menschenrechtsprobleme so leicht zu lösen wären wie dieses, es wäre gut bestellt um die Menschenrechte: Man schenke dem Europäischen Gerichtshof für Menschenrechte in Straßburg zum sechzigsten Jubiläum der Menschenrechtskonvention eine Reform, die ihn noch stärker macht, als er schon ist. Denn die Stärke des Rechts ist Europas Stärke.

Erschienen am 3. 9. 2013

Die Zitate in diesem Text stammen aus dem von Sabine Leutheusser-Schnarrenberger herausgegebenen Band „Vom Recht auf Menschenwürde. 60 Jahre Europäische Menschenrechtskonvention", erschienen 2013 im Verlag Mohr Siebeck, Tübingen.

HERIBERT PRANTL

*Jahrgang 1953, Mitglied der Chefredaktion
der Süddeutschen Zeitung, Leiter der innenpolitischen
Redaktion, Honorarprofessor an der juristischen
Fakultät der Universität Bielefeld, politischer Publizist,
gelernter Richter und Staatsanwalt.
Zuletzt erschienen: „Kein schöner Land" (2005),
„Der Terrorist als Gesetzgeber" (2008),
„Wir sind viele", „Der Zorn Gottes" (2011),
„Die Welt als Leitartikel" (2012),
„Alt.Amen.Anfang." (2013),
„Glanz und Elend der Grundrechte" (2014) und
„Im Namen der Menschlichkeit: Rettet die Flüchtlinge" (2015).*